일의 본질

나를 성장시키는 일의 즐거움

일의 본질

· 김용석 지음 ·

시크릿하우스

일이란 무엇입니까?
일이 즐거우면 삶이 바뀝니다.
그것이 행복입니다.

당신에게 일은
무엇입니까?

우리는 일을 하며 살아간다. '일이란 무엇인가'라
는 질문은 사실 '삶이란 무엇인가'라는 질문만큼
어렵다. 우리가 100세까지 산다고 가정해 보자. 날
짜로 세어 보면, 태어나서 100세까지는 3만 6천 5백
일의 기간이다. 그런 점에서 나는 인생을 총 4단계로 나누
고 싶다. 각 단계를 '1만일' 기준으로 나누어 보자. 1단계는
태어나서 1만일을 사는 27세까지이다. 2단계는 다시 1만
일을 살아서 55세까지이다. 3단계는 82세, 4단계는 100세
가 된다.

이렇게 구분해 놓고 보니, 인생을 알고 건강한 몸을 유
지하면서 열심히 살아갈 수 있는 날이 2만일도 안 된다. 태

어나서 대학까지를 제외하고 실제 사회에 나와서 취업하거나 창업하는 시점을 27세라고 가정하면, 67세까지 40년을 열심히 일해도 1만 5천일 정도다. 이 시기가 지금의 나에게 해당한다. 삼성에서 31년을 다녔고, 55세에 그만두고 성균관대에서 10년째 근무 중이다. 41년을 회상해 보면 참으로 많은 일을 했고, 많은 사람들을 만났다. 일을 통해서 즐거움도 얻었고 힘든 경험도 했다. 분명한 사실은 나를 키운 건 일이었다. 그런데 아직도 일을 어떤 마음가짐으로 어떻게 하는 것이 좋은지 고민이 된다.

일의 목적은 무엇일까? 생활을 위해서, 살기 위해서, 필요한 돈을 벌기 위해서 우리는 일한다. 그렇지만 이것이 전부는 아니다. 일은 삶의 일부분이고, 활력소다.

생각 없이 열심히 일하는 사람도 있고, 어떤 이는 효율적인 방법을 찾아서 일하기도 한다. 이처럼 일은 귀중한 것이고 없어서는 안 될 존재이다. 하지만 일을 다루고 해내는 것은 쉽지 않다.

직장은 일하는 곳으로, 하루의 많은 시간을 보낸다. 그런데 사람들은 일이 많다고, 일 때문에 스트레스 받고 힘들어한다. 혼자서 할 수 있는 일은 별로 없다. 그래서 사람들과 늘 함께한다. 상사, 동료, 후배들과의 협력은 당연하다. 내가 하고 싶은 일, 좋아하는 일만 하면 얼마나 좋을까.

직장인들은 일이 힘들 때 직장을 그만두고 싶다고 말한다. 하지만 정작 일이 없을 때는 더욱 힘들어한다. 또한 나이 들어서 일을 그만두게 되면, 빨리 늙는다. 일은 분명히 삶의 활력소다. 영어의 'retire'는 '타이어를 다시 갈아 끼운다'라는 의미이다. 평생 일하고 싶다는 생각이 담겨 있는 단어다.

누구나 일해야 한다. 회사원도 일하고, 학생도 일(공부)하고, 공무원도 일한다. 보통은 어떤 일을 하느냐가 그 사람을 규정한다고 생각하지만, 어떤 일을 하는 사람인지가 중요한 것이 아니라, 그 사람이 일을 어떻게 바라보는지가 더 중요하다.

실제 일을 잘하느냐, 못하느냐는 업무의 지식보다는 일에 대한 태도에서 정해지는 경우가 많다. 따라서 일의 구경꾼이 아니고 일의 주인이 되어야 한다. 주위에 성공한 사람들을 살펴보면, 지식이 많고 뛰어난 능력의 소유자가 아니다. 일에 진정으로 몰입하고 꾸준히 해낸 사람들이다. 일을 어떤 마음가짐으로 바라보며 다가갈 것인지, 어떻게 해낼 것인지는 사람마다 다를 수 있겠지만, 결국 일을 어떤 관점에서 보는가가 중요한 것이다. 무엇보다 긍정적인 태도, 열정, 인내심, 꾸준함이 가장 중요한 일의 성공 요인이다.

'당신에게 일은 무엇인가'라는 어려운 질문을 던진 책이 있다. 90세로 별세한 교세라의 창업자인 이나모리 가즈오의 《왜 일하는가》이다. 나는 삼성 임원으로 근무할 때 부서 내 독서간담회에서 이 책을 선정했고, 모두 진지한 토의가 있었다. 회사에서 해왔던 내 업무태도가 저자의 삶과 비교할 때 조금은 부끄럽고 창피했다. 부서원들 역시 앞으로 일과 업무에 임하는 태도를 바꾸어야겠다고 다짐하는 사람들도 많았다.

논어에 이런 구절이 있다. "아는 것은 좋아하는 것만 못하고, 좋아하는 것은 즐기는 것만 못하다." 일에 대한 동기부여를 높이려면 바로 일을 즐겨야 한다. 즐겁게 일하면 행복하지 않을까. 모든 일이 즐거움을 위해서 수행할 수는 없다. 마음에 들지 않는 일도 있다. 그렇지만 즐겁게 일하는 마음의 자세가 중요하다.

일을 어떠한 관점으로 바라보고, 어떻게 역량을 키우느냐에 따라 우리 삶의 행복에도 큰 영향을 줄 수 있다. 일은 행복을 좌우하는 중요한 삶의 일부이다. 행복은 마음이 즐거운 상태를 뜻한다. 돈과 같은 물질적인 조건이 부족하고, 사회적으로 높은 지위에 오르지 못하더라도 마음이 즐겁다면 행복한 것이다.

그렇다면 행복을 주는 즐거움은 언제 오는가? 내가 맡은 일, 혹은 남을 위한 봉사활동을 하면서 의미 있고 가치 있는 일을 끝내고 나서의 만족감, 그 보람에서 즐거움을 느낀다. 또는 맛있는 음식, 재미있는 연극, 영화를 볼 때도 즐거움이 오고, 마음에 드는 사람을 만나도 즐겁다.

즐겁게 일하는 것은 행복을 얻을 수 있는 지름길이다. 필자에게는 대학 강의 외에 신문사 잡지에 연재하는 일, 신문 칼럼을 쓰는 일, 외부 초청 강연이 즐거움을 주는 일이다. 마감에 시달릴 수도 있지만, 약간의 긴장감이 더 좋다. 왜냐하면 일을 즐겁게 받아들이기 때문이다.

내년 8월이면 정년퇴임이다. 그렇지만 일을 그만두고 싶지는 않다. 일의 양이 줄어들 수는 있을지 몰라도 계속해서 지금 하던 일을 연장하고, 새로운 일을 만들어 나가고 싶다. 아침에 일어났을 때 하고 싶은 일이 기다리고 있을 때 행복할 것이다.

인생의 진정한 성공과 행복은 죽을 때 지닌 재산이나 지위나 명예의 결과로 판단하지 않는다. 우리는 인생에서 작고 많은 일들을 경험한다. 사소하고 소소한 일상에서 일의 즐거움을 발견하는 사람에게는 하루하루의 삶이 행복이다. 삶의 과정에서 나오는 작은 결과를 중요하게 여겨야 한다. 성공이라는 결과물은 과정을 충실히 수행하다 보면 얻어지는 자연스러운 부산물일 뿐이다. 배우고 일하며 주변 사람들과 더불어 열심히 살아가는 과정에서 얻어진다. 일을 통해 행복한 인생을 만들어 보라. 일이 즐거우면 삶이 바뀐다. 그것이 행복이다.

3장 : 일의 본질을 생각하라

▶ ## '연습'과 '실전'은 다르다

▶ ## 일의 본질은 현장에 있다

▶ ## 기본을 지키고, 차별을 꾀하라

1장

잘하는 일을 하라

일을
즐겨라

좋아하는 일 vs.
잘하는 일 _____

흔히 사람들이 많이 고민하는 것은 '내가 좋아하는 일을 해야 하나? 아니면, 잘하는 일을 해야 하나?'에 대한 것이다. 어떤 성공한 사람은 강연을 통해서 '좋아하는 일을 하다 보면 자신도 모르게 돈이 따라온다'라고 말하기도 한다. 또 어떤 성공한 사람은 '단점을 고치기보다는 장점을 살려야 하는 것처럼, 잘하는 일을 통해 삶을 개척하는 것이 더 중요하다'라고 말한다. 물론 모두 일리가 있는 말이다. 사실은 이 말도 옳은 것 같고, 저 말도 옳은 것 같기도 하다.

대학에서 취업을 지도하는데, 학생들이 아무리 생각해도 잘하는 것이나 좋아하는 것이 무엇인지 모르겠다고 하는 경우를 종종 본다. 기업 입사 시에 자기소개서를 작성하는데, 본인의 강점을 묻는 경우가 있다. 사실상 작성하기가 매우 어렵다.

'1만 시간의 법칙'. 어떤 분야의 전문가가 되려면 최소한 1만 시간이 필요하다는 얘기다. 1만 시간은 매일 3시간씩 훈련하면 약 10년이 걸린다. 개인마다의 지능이나 경제적 지원 환경의 차이가 있지만 노력의 중요성을 강조한 말이다.

그러면 '좋아하는 일' 혹은 '잘하는 일'이 나에게 주어졌다면 어떤 노력을 해야 할까? 먼저 SWOT을 분석해보자. 집중해서 시간을 투자했을 때 실현 가능성을 살펴보는 방법이다. 장점Strength, 약점Weakness, 최선의 결과Opportunity, 최악의 결과Threat를 분석해서 장점(S)이 약점(W)보다 크고, 최선의 결과(O)가 최악의 결과(T)보다 가능성이 큰 것을 찾았다면, 1만 시간의 노력에 돌입하는 것이다.

직장생활은 인생에서 가장 중요한 기간이다. 과거에 하지 못했던 것을 후회할 필요는 없다. 지금부터라도 일의 기회가 생기면 도전해 보라. 어떤 사람들은 '막 사는 사람들이 성공한다'라는 말도 한다. 이때의 '막 산다'라는 것은 수없이 도전해 보고, 실패해 본 사람만이 결국 자신의 길을 잘 개척할 수 있다는 의미이다. 좋아하는 일을 찾는 과정이다.

좋아하는 일을 하다 보면 그것에 능숙해지면서 잘하게 되고, 잘하는 일을 하다 보면 어느덧 성취감이 들면서 좋아하게 된다. 그 어떤 것이 먼저라는 것은 없다. 따라서 '좋아하는 일'과 '잘하는 일'을 무 자르듯이 구분할 필요는 없다. 둘 중에 그 무엇 하나라도 있으면 일단 그것을 가지고 시작하는 것이 중요하다. 그리고 그것을 꾸준하게 해나가는 힘을 길러나갈 수 있어야 한다. 그러면 어느 순간에는 좋아하는 것이 곧 잘하는 것이고, 잘하는 것을 좋아하게 될 것이다.

현실적으로 생각해 보면 좋아하는 것이 취미인 경우가 많고, 잘하는 것은 직업을 갖는 데에 중요한 항목이 되는 경우가 많다. 하고 싶다고 다 할 수 있는 것이 아니고, 또 누구나 잘하는 게 분명히 있다. 20대에는 좋아하는 일을 찾아서 다양하게 경험하고, 자신이 잘하는 일이 무엇인지를 찾아내는 과정을 겪은 후에, 잘하는 일에 더 집중해야 한다.

잘 노는 사람이
성공한다 ___

노르웨이와 아이슬란드를 여행한 적이 있다. 자연이 만들어 낸 걸작품을 감상하는 것만으로도 삶의 여유로움을 느꼈다. 산과 빙하, 화산을 마음껏 느꼈다. 노르웨이에는 화산 폭발로 인해 만들어진 좁고 깊은 만이 많다. 옛날에 빙하로 생긴 U자 모양의 골짜기에 바닷물이 침투한 것이다. 이것을 '피오르드'라 부른다. 케이블카를 타고 올라가 위에서 내려다본 광경은 너무나 아름다웠다. 또한 아이슬란드의 화산재에 피어난 이끼를 보면서 화성에 온 느낌을 받기도 했다. 빙하호수에서 빙하를 만져 보기도 했다.

바쁜 시간을 쪼개서 경험했던 여행의 즐거움은 일상에 돌아와서 다시 시작하는 나에게 활력소가 되었다. 그런데

일의 본질

문득 유럽을 여행하면서 '이렇게 놀면서 일은 언제 하지?' 라는 생각이 들었다. 저녁이 되면 상점은 어김없이 문을 닫고, 일요일은 당연히 쉰다. 노천카페에서 여유롭게 커피 마시는 사람들, 거리에는 연주자들로 인해 쉴새 없이 음악이 흘렀고, 푸른 잔디에 누워 책을 읽거나, 햇빛을 느끼는 사람들로 가득하고, 호텔에서 처음 본 사람들은 내게 웃으며 인사를 건넨다. 우리나라는 언제쯤 이런 여유로움을 찾을 수 있을까.

유대인은 유명한 학자들을 배출하며 노벨상을 휩쓴다. 지금도 스타트업의 비율이 상당히 높다. 심지어 나스닥에 상장된 이스라엘 회사가 유럽 대륙 전체 기업보다 많다. 그들이 뛰어난 두뇌를 가지고 있다기보다는 독특한 교육 방식과 그들만의 문화에서 생겼다고 보는 것이 맞다. 이런 유대인들의 노동철학은 '열심히 일해라'가 아니고, '우선 잘 쉬어라'이다.

가족과 건강, 휴식, 취미활동 등 예전에는 소홀히 생각했던 것이 점차 중요해지고 있다. 회사에서 평일에는 밤늦게까지 일하고 연차 휴가 없이 오로지 일에만 매진하는 것은 바람직한 직장인의 모습이 아니다.

게다가 생산능력을 고려하지 않고 기계를 가동하면 결국은 고장이 날뿐더러, 당연히 여유도 없이 사용 중인 기계는 비효율적이고 효과도 떨어질 것이 분명하다.

이처럼 사람도 휴식을 통해서 최적의 건강 상태를 유지하고, 발전을 위한 시간을 갖지 않는다면 쓸모없는 기계로 전락할 수 있다. 삶의 균형을 유지하려는 노력 없이 오로지 성공만을 위해 매진한다면 진정한 삶을 이루기 위한 소중한 것들이 나를 떠날 수 있다.

《노는 만큼 성공한다》(김정운 지음)라는 책의 서문에 2명의 농부가 등장한다. 한 농부는 잠시도 쉬지 않고 벼를 베고, 다른 농부는 논두렁에서 쉬어가며 일한다. 그런데 더 많은 볏짚을 베어낸 농부는 콧노래를 부르며 논두렁에서 쉬던 농부다. 왜 그럴까? 그는 쉬는 동안 아프지 않게 허리를 펴고 낫을 갈았기 때문이다. 사람들이 쉬지 않고 벼만 베어내는 농부 같아 안타깝다.

책에 따르면, 브레이크 없이 앞만 보며 그저 열심히 일하는 것을 장려하는 사회에서는 창의력 있는 인재들이 나

일의 본질

올 수 없다. 적절하게 쉬며 제대로 놀아야 창의성이 싹튼
다는 것이다. "뛰는 놈 위에 나는 놈 있다면, 나는 놈 위에
는 노는 놈 있다. 20세기는 부지런하게 뛰는 근면 성실한
사람이 성공했지만, 21세기에는 잘 노는 사람이 성공한다"
고 말한다.

  저자의 말에 전적으로 공감한다. 그러나 성공의 조건 중
에 으뜸은 여전히 부지런함이다. 책의 주장은 휴식의 중요
성을 강조하는 것뿐이다. 일과 여가를 균형 있게 배려하고
충분히 즐기는 사람이 되자. 잘 노는 것이 일에 분명히 도
움이 되기 때문이다.

일에 중독되지 말고
몰입하라 _____

일에 중독이 되어 있는 사람은 게임에 빠져 있는 경우를 생
각해보면 쉽게 알 수 있다. 자기가 하고 싶은 일에만 열중
하고, 일에 대한 철학이 없다. 단순한 기계처럼 수동적으
로 일한다. 주변의 동료와의 협력도 잘되지 않는다. 자신

이 지나치게 중독적으로 일하는 것은 아닌지 반성해봐야
한다.

또한 할 일은 많은데 시간은 부족하고, 더 빨리 일해야
할 것 같은 강박관념에 시달린다. 열심히 일하는 것은 기
본이고 책임감이 강해 완벽주의자라는 이야기를 많이 듣
는 편이다. 보통 일을 직접 챙기지 않으면 답답함을 느끼
고 본인이 확실히 이해할 때까지 설명 듣기를 바란다. 이
런 사람들 중에는 본인처럼 일하지 않으면, 부하나 동료를
게으른 사람으로 구분하는 경우가 많다. 하지만 이런 사람
들일수록 일에 대한 철학이 없다. 단순한 기계처럼 수동적
으로 일하기 때문에 주변 동료와의 협력도 잘되지 않는다.
그저 단순한 중독적 일하기일 뿐이다.

이와는 반대로 '몰입해서 일하기'가 있다. 몰입을 하는
사람들은 가치 있는 일에 집중하고 그것에서 보람을 느낀
다. 또한 목표가 분명하고 일에 대한 확고한 신념이 있다.
일하는 이유도 분명하다. 예를 들어 스마트폰을 개발한다
면, 이 제품을 사용할 고객들에게 기쁨과 행복을 주기 위해
서 일한다. 마지못해서 일하는 것과는 근본적으로 다르다.

중요한 것은 '스트레스를 어떻게 해소할 것인가'이다. 일에 몰입한다고 하더라도 스트레스의 해소 방안은 반드시 가지고 있어야 한다. 몰입해서 일한다고 해서 스트레스가 전혀 없다는 의미는 아니기 때문이다. 누구나 살면서 어려움이 닥쳐온다. 부모나 가족, 친구들을 떠나보내는 커다란 슬픔이 오는 경우부터 인간관계, 일에서의 어려움 등 스트레스는 늘 우리 주위에 있다. 따라서 인생에 있어서 어려움이나 스트레스를 어떤 방법으로 해결할 것인가가 매우 중요하다. 어떤 사람은 술을 마시기도 하지만, 책 읽기, 글쓰기, 음악을 듣는 일, 친한 친구에게 마음껏 하고 싶은 이야기를 늘어놓는 것도 좋은 방법이다.

삶의 균형을 유지하려는 노력 없이 오로지 성공만을 위해 매진한다면, 진정한 삶을 이루기 위한 소중한 것들을 잃을 수 있다. 휴식이나 여가는 일을 더 잘하기 위해서 꼭 필요한 조건이다. 열심히 일하고 나서 휴식을 취하고 이때의 여유나 여가를 바탕으로 일의 성과를 더욱 끌어내는 선순환 구조가 되어야 한다.

'어떻게' 보다
'왜'를 생각하라 _____

시적인 상상력, 예술가적 기질이 중요한 이유는 바로 다양한 인문학적 질문을 할 수 있도록 해주기 때문이다. 그것은 근원으로 돌아가 다양한 전제조건을 재검토할 수 있게 해주고, 이를 변화시킴으로써 새로운 아이디어를 가져오게 만든다. 그중에서도 가장 강력한 것은 바로 '왜'라는 질문이다. 깊은 생각과 통찰을 하지 않는 사람은 '왜'라는 질문을 할 수 없다. 왜냐하면 질문하는 힘 자체가 없기 때문이다. 그저 세상의 흐름에 몸을 맡길 뿐이며, 그 흐름대로 적응하려고 할 뿐이다. 하지만 상상력과 예술적 힘을 가진 사람은 비로소 의문을 표시하고 '왜'라는 질문을 한다.

불가능을 가능으로 바꾼 두바이의 왕 셰이크 모하메드 역시 '왜'라는 질문을 하지 않았다면 아마도 불모지에서 '어떻게 적응하며 살까'만을 걱정했을 것이다. 이러한 질문은 새로운 미래가 다가오고 있는 지금의 시점에서 매우 중요하다. 새로운 기술이나 제품을 개발하는 데 있어 가장 먼저 해야 할 것 역시 '왜'라는 질문이다. 소비자는 무엇을 원하는가? 그것은 사회에 어떤 영향을 미치는가? 이 제품은 어느 시장에 적합하고, 어떻게 성장해나갈 것인가? 등등 인문학적 질문이 있어야 한다.

사실 공학은 '어떻게'를 먼저 생각한다. '이것을 왜 만드는가?'보다는 '이것을 어떻게 만들 것인가'를 더욱 중요하게 생각한다. 하지만 '어떻게'만 생각해서는 창의적인 상상력에 접근할 수가 없다. 그보다 근원적인 질문, '왜 이것을 만들어야 하는가?'부터 다시 생각해야만 한다.

《나는 왜 이 일을 하는가?》의 저자 사이먼 사이넥은 모든 문제에 접근할 때 '왜'로부터 근본적인 목적을 정해야 한다고 말한다. 라이트형제가 비행기를 연구할 무렵 경쟁자인 랭리라는 하버드대 교수가 있었다. 그는 많은 우수 인재들과 팀을 이루었고 미 국방성으로부터 상당한 자금지원을 받았다. 반면에 대학 교육도 받지 못했고, 제대로 자금지원까지 받지 못했던 라이트형제가 꿈을 먼저 이루었다. 그 이유는 랭리와 달리 라이트형제는 '왜'를 가지고 있었다는 점이다. 라이트형제는 분명한 목적과 신념을 가지고 있었고, 그 차이에서 승부가 결정되었다.

삼성에서 대학으로 옮기고 나서 처음으로 한 일은 대학원에 공대생들을 대상으로 '인문과 기술' 과목을 개설한 것이다. 그 내용을 정리해서 기업인을 대상으로 매년 인문학 강좌를 개최하고 있다. 그 이유는 인간을 이해하고 인문학적 물음을 통해 창의적인 생각, 상상력을 해보기 위해서다. 새로운 서비스 창출과 인간 삶의 질 개선에 도움이 된다. 인문학은 문학·역사·철학을 연구하는 학문이다. 문학은 '인간의 살아가는 이야기'를 통해 인간의 이해를 높이는 것이고, 역사는 '인간이 어떻게 살아왔는가'를 살펴보는 학문이다. 또 철학은 '인간이란 무엇인가'를 통해 근본적인 이유를 던지고 탐색한다. 인문학의 요체는 인간의 가치와 행동에 대해 끊임없이 질문하고 고민하는 것, 즉 비판적 사유에 있다고 본다. 모두가 당연하다고 생각하는 것에 의심하고 전혀 새롭게 질문을 던져보는 것이 핵심이다. 인문학적 물음을 통해 인간을 이해하고, 창의적인 생각, 상상력을 얻을 수 있다.

2013년부터 삼성은 삼성컨버전스 소프트웨어 아카데미SCSA 프로그램을 운영하고 있다. 이는 인문계 출신 졸업자를 선발하여 6개월간의 교육을 통해 소프트웨어 엔지니어로 채용하는 전형이다. 공학도에게 인문학을 공부하도록 해봤지만, 그 사고의 전환이 쉽지 않았던 탓이다. 얼마나 창의적인 생각이 절실하게 필요했으면, 인문학 전공자를 선발해서 소프트웨어개발을 시키려고 했을까. 인문학의 사전적 정의는 '인간의 사상과 문화를 대상으로 하는 학문'이고, 그 중심에 바로 인간이 있다.

프랑스인들은 젊었을 때부터 현재의 직업 외에 작가로서 생활하는 사람들이 꽤 있다. 자신이 일하는 분야에 대해서 글을 쓰는 것도 아니고, 별개의 소설을 쓰는 경우도 종종 있다. 총리를 지냈던 도미니크 드 빌팽은 외교관 출신으로 수필가이자 시인이다.

지금은 예술가적이며, 문학적인 인재들이 필요하다. 지식 사회의 시대에서는 새로운 영감이나 상상력을 떠올리는 것이 먼저이기 때문이다. 이것은 개인 관심사에서의 흥미나 재미를 떠나서 매우 중요한 창조의 원천으로서 가져야 할 중요한 항목이다.

삼성에 근무할 때, 가끔은 스스로가 '지식 공장장'을 맡고 있다고 생각했다. 항상 기계를 조이고 닦고 기름치고

신경을 쓰는 것 이상으로 지식의 원천인 사람에게 신경을 썼으며, 그들이 가진 지식을 최대한 끌어내기 위해 노력했다. 앞으로는 이런 사회가 더욱 가속화될 것이다. 이 말은 곧 당신이 미래 사회에서 대접받고 주인으로 서기 위해서는 어떻게 창의적이고 혁신적인 지식을 만들 것인가에 집중해야 한다는 의미이기도 하다.

저를 계속 움직이게 했던 힘은
제 일을 사랑하는 것뿐이었습니다.
여러분도 사랑하는 일을 찾아야 합니다. **스티브 잡스**

2장

어떻게 일해야 할까

내 일에
진심인가?

일의 의미와
가치를 생각하라 _____

우리는 인생의 대부분을 일하면서 보낸다. 일은 늘 우리 삶의 중심축이다. 일이 존재하지 않으면 여유도, 행복도, 삶도 존재할 수 없기 때문이다. 우리는 자신에게 한 가지 질문을 해야 한다. "나는 왜 일하는가?"라고 말이다. 이 질문은 우리 삶에서 매우 중요하다. 물론 대부분 이렇게 대답한다. 살기 위해서, 필요한 돈을 벌기 위해서 일한다고 말이다. 그러나 이것만 가지고는 일에 있어서 탁월한 수준에도 오를 수 없다. 또한 행복한 삶을 영위할 수도 없다.

일을 통해서 삶의 의미를 생각해보라. 단순하게 먹고 살기 위해 직장을 다니고 일을 하는 것이 아닌, 자신의 존재가치를 확인할 수 있을 것이다. 사람은 일을 통해서 성장하고, 삶의 보람을 찾는다.

먹고 사는 것, 돈을 벌기 위해서 일하는 것, 회사에서 상사의 압박, 승진을 위한 노력이나 동료와의 경쟁 등이 모두 외적동기이다. 반대로 외부의 자극이 아닌 스스로에 의해서 움직이는 것을 내적동기라고 한다. 내적동기는 스스로 일의 의미나 가치를 높게 생각하는 것이다. 회사나 자신이 속한 조직의 만족도, 자신이 하는 일에 대한 자신감, 만족감, 즐거움이 모두 중요하다. 내가 하는 일이 최고라고 생각할 때, 최고의 일을 하게 되는 것이다.

이러한 생각은 자신을 일에 몰입하게 만든다. 몰입은 일에 대한 자부심이나 함께 일하는 조직, 동료들에 대해 높은 수준의 만족을 뜻한다. 몰입할 때 우리는 비로소 일하는 데 있어서 탁월함에 이를 수 있다. 또 탁월함에 이르면 더욱 재미를 느끼게 된다. 재미있는 일을 하는 것이 좋은 이유는, 누가 시키지 않아도 일이 재미있으니까 깊이 파고들고, 자연히 그것에 대해 잘 아니까 더 좋은 결과를 만들어낼 수 있기 때문이다. 다만 여기에 더 중요한 것은 어떤 일에 더 집중하려면 '재미'만이 아니라 '의미'도 있어야 한다.

가끔 일하면서 싫증이 날 때가 있다. 그럴 때면 '내가 왜 이 일을 하지?', '내가 하는 일이 나한테 어떤 의미를 갖지?'라는 점을 생각한다. 그러다가 '이 일은 나만이 할 수 있어, 또 내가 이 세상에 남길 수 있는 중요한 것'이라고 상상해보면서 재미와 의미를 같이 찾아보는 것이다.

내적동기는 스스로 자극받고 움직이는 데에 있다. 학교를 졸업한 후 직장생활을 시작하게 되면 스스로 계속해서 필요한 공부를 해야 한다. 책만 보는 것이 공부는 아니다. 사람을 사귀고 도움을 주고받는 것 모두를 스스로 해내야 한다. 일과 공부, 이 두 가지는 매우 중요하다. 일을 잘하기 위해서는 반드시 공부가 필요하다. 내적동기가 있는 사람과 없는 사람은 일하는 방식, 그리고 그 결과물은 하늘과 땅 차이라고 해도 과언이 아니다.

일을 대하는
태도 _____

일의 성공 방정식은 '능력×열정×추진 방법＝성공'이다. 삼성에 근무하면서 수많은 과제를 수행해 얻은 결론이다. 뛰어난 역량의 인재들이 아무리 많아도 일에 대한 열정(열의)이나 일하는 추진 방식(사고 방식)이 떨어지면 과제는 실패로 끝나는 경우가 많았다. 반대로 기술력(지식), 경험이 부족한 개발인력들도 일에 대한 열정을 가지고 있으면 성공하는 경우를 많이 보았다.

결국은 일을 대하는 태도가 중요한 것이다. 목표가 분명하고 어떤 어려움도 극복하려는 의지가 있으면 된다. 문제는 늘 있다. 그것을 풀어나갈 수 있다는 긍정적인 생각이 필요한 것이다. 이것은 팀으로 진행하는 과제만이 아니라, 개개인에게도 똑같이 적용된다. 회사 입사 시점에서 개인의 능력 차이가 있을 수 있지만, 열정을 가지고 일하는 사람은 기업에서 많은 성과를 내고 결국 인정받게 된다.

회사 내에는 다양한 사람들이 있다. 대체로 재능있고 우수한 인재들이지만 일해보면, 일을 대하는 태도, 생각, 추진 방법이 제각각 다르다. 모두 남들보다 더 큰 성과를 내고 싶고, 좋은 평가와 보상을 받고 싶어 한다. 하지만 분명히 과제의 결과를 보면 차이가 난다.

왜 일의 결과에서 차이가 날까? 일의 성공 방정식을 기준으로 살펴보면, 우선 과제를 수행하는데 필요한 기술지식이 충분해야 한다. 또 그것을 추진해 나가는 전략이나 방법도 좋아야 한다. 마지막으로 무엇보다도 중요한 것은 어떤 어려움이 있더라도 반드시 해내겠다고 하는 '꺾이지 않는 마음의 열정'이다. 열정이 있는 사람은 그 어떤 어려움도 뚫고 나가는 경우가 많다. 그리고 한번 이것을 경험했던 사람은 다음 단계의 난관도 뚫고 나가게 된다. 그 어려움이 크면 클수록 그것을 해결했을 때의 희열이 어느 정도인지를 알게 된다. 그때부터는 어려움이 곧 즐거움이 되는 단계다. 어려움을 즐길 줄 아는 사람이야말로 '최강의 인재'가 아닐 수 없다.

하지만 열정이란 단지 '열심히 일하는 것'에 그치지 않는다. 열심히 하는 것은 누구나 할 수가 있다. 진정한 열정은 바로 '일을 사랑하는 것'이다.

교세라의 창업주이자 '경영의 신'으로 불리는 이나모리 가즈오는 "지금 하는 일을 사랑하는가, 미치지 않으면 사랑할 수 없다, 자기 일에 애정이 없는 사람은 자기 일을 해내지 못한다"고 말했다.

결국 일을 어떤 관점에서 보느냐가 중요하다. 최선을 다하는 마음가짐, 열정이 가장 중요한 일의 성공 요소다. 실제 일을 잘하느냐, 못하느냐는 업무의 지식보다는 일에 대한 태도나 자세에서 정해지는 경우가 많다. 일의 구경꾼이 아니고 일의 주인이 되어야 한다. 주위에 성공한 사람들을 살펴보면, 지식이 많고 뛰어난 능력의 소유자가 아니다. 일을 사랑하고 진정으로 몰입해서 꾸준히 어려움이나 장애물을 돌파해낸 사람들이다.

끈기를 갖고
끝까지 해내는 열정 _____

일하다 보면 엔지니어는 크게 두 부류가 있음을 알 수 있다. 한 부류는 기초기술이 뛰어나고, 새로운 것을 찾고, 반

짝이는 아이디어가 많은 경우이다. 이런 엔지니어들은 기술적으로 어려운 과제를 맡기면 잘 해낸다. 그런데 뒷심이 부족해서 끈기를 가지고 상품화까지 가기 어려운 경우가 많다.

또 한 부류는 이미 어느 정도는 시스템이 만들어져 있는 것으로 가장 상품화에 맞는 구조로 재설계하고, 개발 과정 중의 어려운 테스트 과정을 이겨내 상품화를 끌어가는 경우이다. 이런 엔지니어들은 뚝심이 있고 묵묵하게 자기 일을 하는 사람들이다.

과제 성격에 따라서 일을 맡기면 되지만, 두 성향을 모두 갖추고 있는 사람을 진정한 '프로 엔지니어'라고 부른다. 프로 엔지니어는 새로운 것을 찾고 끊임없이 공부하고 노력하며, 끈기를 가지고 끝까지 성공해낼 수 있는 사람이다.

"일을 잘하려면 맷집이 좋아야 한다"라는 말이 있다. 끝까지 물고 늘어지는 오기가 있어야 한다는 뜻이다. 이것은 일에 임하는 신념이나 열정에서 나오는 것이다.

엔지니어는 시작 단계에서 기술을 이해하고 공부하는 단계가 필요하지만, 결국 실제로는 설계하고, 만들어 보고,

테스트해 보는 등, 고민하고 노력하고 땀을 흘리는 과정에서 얻어지는 산물로서 전문가가 되는 것이다.

2002년 노벨화학상을 받은 다나카 고이치는 작은 규모 중소업체의 평범한 회사 연구원이었다. 그는 평범한 대학 졸업 학력이 전부였다. 역대 노벨 화학상 수상자들 가운데서 학사 출신으로는 처음이었다. 그는 노벨상 수상 이후 인터뷰에서 "수많은 실패에도 좌절하지 않고 한 우물만 파온 것이 수상의 배경이었다"라고 말했다. 그는 평범한 회사원이면서 관리직으로 올라갈 수 있는 승진시험을 거부했다. 순수한 엔지니어의 길을 가고자 했기 때문이다. 그는 회사의 연구원으로서 실패를 두려워하지 않는 도전정신, 머리로 아는 것을 몸으로 체득하면서 끊임없이 노력하는 장인정신, 그리고 이것들을 더욱 빛내게 하는 성실성과 겸손함을 가지고 있었다. 바로 이런 점들이 프로 엔지니어가 되는 중요한 요소들이며, 그를 노벨상 수상에까지 이르게 하였던 것이다.

남이 가지 않은 길을
간다는 것 ____

삼성에서 처음 시작했던 프로젝트는 당시 신제품인 DAT라는 오디오기기에 필요한 핵심 칩이었다. 학교에서 배운 적도 없는 에러 정정 알고리즘도 새로 연구해야 했다. 심지어 논리설계 시뮬레이션 장비가 없어서 여러 번의 시행착오를 거쳐서 보드를 만들어야 했지만, 반드시 해내겠다는 일념으로 프로젝트를 성공시켰다. 그리고 이러한 경험은 이후 끊임없는 일의 과정에서 큰 힘이 되어주었다. 배운 적이 없는 것을 해내는 즐거움, 시행착오 속에서 결국 해법을 만들어냈을 때의 성취감이란 이루 말할 수 없을 정도로 큰 희열이었다.

그 이후 회사에서 진행했던 많은 프로젝트 중 K2라는 것이 가장 기억에 남는다. K2 프로젝트는 어렵고 힘들지만, 도전해 보자는 의미에서 붙인 이름이다. K2는 세계의 지붕'이라 일컬어지는 히말라야의 봉우리 중에서도 높이로는 에베레스트에 이어 두 번째이지만 가장 험하다. 심지어 '죽음을 부르는 산'이라고 불린다.

히말라야는 해발 8천 미터가 넘는 봉우리 14개가 있다. 인류 역사상 지금까지 이 험준한 14개 봉을 모두 등반한 사람은 모두 11명이고, 그중에서 한국에는 엄홍길 씨가 있다. 특히 그는 한국과 아시아에서 최초로 등반한 사람이다. 그의 자서전을 읽어보면 고난과 극한 상황 또 그것을 극복하는 모든 과정이 잘 나타나 있다. 히말라야의 그 험준한 봉우리 14개 모두를 등반했다는 것은, 정말 대단한 일이다. 그동안 8명의 친구를 잃었다. 히말라야는 항상 하얗게 눈이 덮여 있어서 길이 보이지 않는다. 길을 만들어 가면서 꼭대기를 향해 전진할 뿐이다.

이처럼 산을 정복하기 위해 걷는 길이나 프로젝트에서 성공으로 이르는 길은 매우 비슷하다. 체력만으로는 결코 히말라야에 오를 수 없다. 등반 기술은 물론이고 자신과의 싸움에서 이길 수 있는 강한 정신력이 중요하다. 반드시 해내겠다는 갈망, 열정, 의욕이 성공의 열쇠이기 때문이다. 남이 가지 않았던 길을 가는 것은 진정으로 열정을 가지고 일을 하는 것이다. 잘 모르는 낯선 길이지만 갈망과 열정을 가지고 산에 오르면 정상이 보인다.

회사에 입사해서 지금까지를 회상해 보면 참으로 많은

일을, 많은 사람과 함께 했다. 일을 통해서 즐거움이나 아픔도 경험했고, 나를 키운 것도 일이었다. 일을 어떤 마음가짐에서 출발해 어떻게 해내는 것이 좋은지 고민도 많이 했다. 일의 출발 선상에 선 사람들은 일을 대하는 자신의 자세, 태도가 가장 중요하다. 그것이 더 높은 산을 오르게 하는 근본적인 동력이자 에너지원이기 때문이다.

일에 숨겨진
인간관계

눈에 보이지 않는 것의
중요성 _____

사람들은 직장생활을 통하여 두 가지를 얻을 수 있다. 하나는 일의 성과에 대한 보상이고, 다른 하나는 일을 통한 경험이다. 직장은 사람들을 한곳에 모아놓고 좋은 인간관계를 통해서 사회성을 길러주는 일, 사람들에게 공동의 목표를 부여하고, 성과를 통해서 회사를 발전시키는 일을 하는 곳이다.

직장은 개인에게 무척 중요한 장소다. 대부분의 하루를 직장에서 보내는데, 심지어 어떤 사람은 인생의 대부분을

한 직장에서 보내기도 한다. 회사에서의 경험은 결국 나 자신에게 매우 중요한 경력이 된다. 자신의 과거와 현재의 일이 나의 미래를 결정짓는 중요 요소가 될 수 있기 때문이다.

직장은 왜 다니는가? 간단히 말하면 일하기 위해서다. 그러나 직장에서 일보다 더 중요한 것이 있다. 바로 '인간관계'다. 어떤 경우에는 일보다 인간관계가 더 힘들 때도 있다. 그러다 보니 인간관계에 대한 나름의 철학을 정립해 놓지 않으면 직장생활 내내 마음고생을 할 수가 있다.

실제로 아무리 어려운 일도 고민하고 시간이 지나면 풀리게 되지만, 사람들 간에 생긴 문제는 해결되지 않는 경우가 많다. 일이야 힘들어도 참으면 되는데, 사람 관계는 틀어지면 일도 안 되고 더욱 어려움에 빠지는 경우가 많다.

혹시라도 직장 동료와 논쟁이 발생하면 논리적으로는 이겼다고 하더라도, 상대방은 마음속으로 승복하지 않는다. 그래서 여전히 남아 있는 앙금 때문에 나중에 꼭 다른 문제를 일으키곤 한다. 이처럼 이겨도 이긴 게 아니고, 져도 진 게 아닌 것이 인간관계다. 더군다나 일에서 생기는 문제를 해결하는 것보다 인간관계에서 꼬이는 경우가 더 많다. 별로 심각하지 않은데 괜한 자존심 때문에 각자의 의견을 내세우기도 하고, 어떤 경우에는 일의 주도권 싸움이 벌어지는 경우도 많다.

반도체가 순수함보다는 약간의 불순물이 섞여야지만 좋은 효과를 나타내는 것처럼, 인간관계에도 확실히 모순점이 있다. 인간관계에서 고민스러운 건 반드시 옳은 것이 틀린 것을 이기는 것만은 아니라는 점이다. 회사에서 열심히 묵묵히 일하고 실적을 많이 내면 인정받고 승진하고 성공할 수 있다고 생각한 적이 있었다. 그런데 직위가 올라갈수록 이것이 전부가 아니라는 사실을 깨닫게 되었다.

논리적으로는 설명되지 않는 부분이 인간관계에서 존재한다. 조직개편으로 새로운 상사와 일한다고 가정해 보자. 지금까지 일을 잘해왔고 성과가 있다고 해도 새로운 상사와 일하는 방법이 다르거나 성격이 잘 맞지 않으면 나의 성과를 인정받기 어려운 경우도 생긴다.

직장생활에서 사내 정치가 없을 수는 없다. 어떤 기업에서도 사내 정치가 있다 보니 필요악이라고 볼 수밖에 없다. 어떤 사람은 그런 정치적인 것을 즐기는 사람도 있어서 문제가 되긴 하다. 어찌 됐든 요즘 회사에서 정치적이지 않은 사람은 큰 조직의 리더가 되기 어려운 것도 사실이다. 그렇다고 정치적이라는 게 꼭 나쁜 것만은 아니다. 반도체의 원리처럼 말이다.

일과 사람(인간관계) 중에 어느 것이 더 중요하냐는 질문을 받는 경우가 많다. 사람이 일한다는 점에서 본질적으로는 같은 이야기이다. 단지 인간관계에서 오는 어려움을 강조하기 위해서 사람의 중요성을 이야기한다. 굳이 분리해서 생각한다면, 직장 초년생이나 사원으로 일할 때는 아직 경험도 쌓아야 하고, 전문성으로 일의 결과로 능력을 보여주어야 한다. 반면에 직장생활의 경력이 쌓여 직급이 올라갈수록 유능한 관리자나 경영자로 성장하기 위해서는 조직관리 능력이 요구된다. 따라서 그때는 사람에 관한 공부가 더욱더 중요해진다.

사내 정치에 대처하는 자세 _____

회사에 다니는 직장인이라면 누구나 한 번쯤은 '사내 정치'를 고민한다. 이것은 필자 역시 마찬가지였으며, 직장 선배도 그랬고, 후배도 그랬다. 누구나 한 번쯤은 반드시 거쳐야 하는 고민, 그것이 바로 사내 정치다. 속내를 털어놓을 수 있는 동기들과의 술자리에서 빼놓지 않고 나오는 단골 대화인 것만 봐도 알 수 있다. 그만큼 중요한 문제이기도 하다. 그런데 이 사내 정치에는 한 가지 딜레마가 존재한다. 그것을 적극적으로 하려니 뭔가 자신이 나쁜 사람이 되는 것만 같고, 하지 않으려니 뒤처지는 사람이 된 것 같은 느낌이 들기 때문이다. 그래서 때로는 어정쩡한 태도로 대처하다가 뒤늦게 필요성을 느끼며 후회하기도 한다. 그래서 사내 정치의 중요성을 말하기는 하지만, 정작 요즘 젊은 직장인들에게는 여전히 마음으로 받아들이지 못하는 경우도 많다.

사실 사내 정치란 직장 초년생일 때부터 반드시 고민해

야 하는 문제다. 결코 피해 갈 수 없는 숙제와 같은 것이기 때문이다. 어차피 해야 하는 고민이라면, 빨리 입장을 정리하고 그것에 어떻게 대처할지 결정하는 것이 더욱 현명한 일이다.

사실 사내 정치는 어떻게 보면 서로 다른 관심사, 다른 능력과 성격을 가진 사람들이 모여 있는 직장에서 서로를 알아가는 소통의 과정이다. 또한 상사를 잘 보좌하기 위한 능력이며, 후배들이나 동료들과 화합하기 위한 노력의 일환일 수도 있다. 상대를 파악하고, 기분을 맞춰주고, 성격에 따라 나의 행동을 조절하는 것은 꼭 필요한 일이다.

이러한 능력은 가정에서도 이뤄지고, 친구 사이에서도 이뤄진다. 아내나 남편이 기분이 상하면 그에 맞춰주기도 하고, 또 기분이 상하지 않도록 행동하지 않는가? 이러한 것들은 관계를 잘 유지하기 위한 노력이지 그것 자체를 나쁘게 생각할 필요는 없다.

따라서 어떤 면에서 사내 정치라는 것은 회사 내에서 자신의 포지션을 잘 파악하여 설정하고, 이를 통해서 자신에게 긍정적인 발전을 꾀하는 행동의 일환이라고도 볼 수 있다. 또 어떤 의미에서 보면 직급이 올라갈수록 정치적 능력이 있는 사람이 아랫사람들을 더 잘 다룰 수 있고, 상사의 목표에 부합하면서 일해나갈 수 있는 부분도 있다.

세계적인 HR 컨설팅사의 콘 페리Korn Ferry는 오히려 이러한 사내 정치를 직장인이 갖춰야 할 매우 중요한 역량으로 설명하기도 한다. 그는 이를 Political Savvy, Organizational Agility(정치적 통찰력, 조직의 민첩성)라는 개념으로 말한다. 직급이 낮을수록 사내 정치보다는 일에 대한 역량이 중요하지만, 직급이 높아질수록 일에 대한 역량보다는 정치적 능력이 더욱 중요하다는 말이다. 또 실제 그의 조사에 의하면 이러한 능력이 높은 팀장이나 임원급들이 고성과자들이라고 한다.

그렇다면 직장 초년생들이 사내 정치에 대해 가져야 할 기본적인 자세는 어떤 것일까? 우선은 직급이 낮으면 굳이 사내 정치의 필요성이 중요하게 대두되지는 않는다. 하지만 그렇다고 그것에 대해 완전히 관심을 끊어서는 안 된다. 앞에서도 이야기했지만, 사내 정치란 결국 조직 생활에 잘 적응하고, 상대방과 의사소통, 효율적인 협업을 위한 중요한 계기가 될 수가 있기 때문이다. 그런 점에서 우선 사내 정치를 보는 '눈'을 키울 것을 권한다. 직속 상사와 임원의 관계에 대해서도 예민하게 살펴보고, 상사는 어떤 후배를 좋아하는지도 볼 필요가 있다. 또 어떤 상황에서 사내 정치가 힘을 발휘하는지, 그리고 그렇게 되는 이유가 무엇인지도 꼭 한번 생각해보길 바란다.

또 하나 중요한 것 중의 하나는 바로 '상사의 의도'를 정확하게 간파하는 훈련이다. 사내 정치에서는 상사의 의도를 어떻게 알아차리고, 그에 맞는 행동을 하느냐가 매우 중요하다. 상사가 하는 말, 행동의 뒤에는 겉으로 드러나지 않는 '진짜 마음'과 '정말 하고 싶은 것'이 가려져 있다. 이것은 노골적으로 드러내기 힘든 경우가 많다. 무엇보다 조직원들과 함께하는 직장생활이기 때문에 상사 역시 이를 겉으로 드러낼 수가 없는 경우가 많다. 따라서 이때 이를 정확하게 콕 집어서 파악해 그 의도에 맞게 일하면, 좀 더 효율적인 직장생활이 가능할 것이다.

하지만 무엇보다 현재의 위치에서 자신의 역량을 높이기 위해서 최선의 노력을 다해야 한다. 나중에 아무리 사내 정치를 잘한다고 하더라도 결국 능력이 없으면 아무 소용이 없기 때문이다. 실제로 업무 역량이 높지 않다면 제아무리 사내 정치를 한다고 해도 먹히지 않을 확률이 매우 높다. 사내 정치를 할 때 하더라도 능력이 뒷받침되어야 한다는 말이다.

더불어 사내 정치의 부정적인 면은 배제하고, 긍정적인 면을 통해 자신의 미래를 개척하겠다는 자세도 필요하다. 남을 짓누르고, 배제하면서 얻게 되는 승승장구라는 것은 결코 오래 갈 수가 없다. 당신이 남을 공격하는 모습을 보아왔던 사람들은 결국 당신을 공격해도 된다는 생각을 가질 수밖에 없기 때문이다.

'사내 정치'라는 말이 주는 부정적인 의미에만 신경 쓰지 말고, 그것을 어떻게 활용할 수 있을지를 한 번쯤 생각해 볼 필요가 있다.

직장생활을
잘한다는 것 _____

회사에서는 'Give & Take(주고받기)'에 익숙해야 한다. 직장생활 초기에는 일을 배우는 것에 정신이 없기에 남에게 뭔가를 주는 일이 많지 않다. 하지만 회사에서는 상사, 동료, 후배, 다른 부서원들, 타 회사를 포함해서 나를 중심으로 일하는 모든 사람이 나의 스승이다. 나 자신도 배우고 또 도움을 주어야만 한다. 그 어느 곳보다 철저하게 'Give & Take(주고받기)'가 발생하는 곳이 바로 회사이기도 하다. 회사는 내가 받기 위해서 먼저 줄 수 있어야만 하는 곳이다.

삼성은 1년에 한 번씩 업적 고과와 역량 고과를 실시한다. 이 고과 성적은 본인의 승진, 연봉에 직접 관련되므로 개인적으로 매우 중요하다. 쉽게 말하면 회사에서 치르는 시험인 셈이다. 그런데 이 시험은 당연히 필기로 보지 않고 업무 목표에 대한 실적으로 평가하게 된다.

여기서 이야기하고 싶은 것은 역량 고과이다. 이 역량 고과의 평가항목 비율을 보면, 전체의 반은 개인의 기술지식 수준이고, 나머지 반은 의욕, 열의, 추진력, 인간관계로 구성되어있다. 이 항목들에서 차지하는 비중을 기준으로 생각해 본다면, 사회에서의 개인 능력 평가는 보유 기술지식이 실제로 얼마나 활용 가능성이 있는가? 또한 다른 사람들과 얼마나 잘 협력해서 조직의 성과를 낼 수 있는가?

이 두 가지에 달려있다고 볼 수 있다.

예전에는 IQ^{Intelligence Quotient}를 중시했다면, 이제는 창조성이나 대인관계를 중시하는 EQ^{Emotional Quotient}를 넘어, 함께 생활하는 사람들과 얼마나 좋은 관계를 맺고 있는지를 측정하는 NQ^{Network Quotient}의 중요성을 강조하고 있다. 일반적으로 NQ가 높은 사람은 사회에서 다른 사람과 잘 소통하고, 협력하며 남에 대한 배려심이 강하다. 그래서 대체로 직장생활을 잘할 것이라고 본다. 지구촌이 하나의 네트워크로 연결되면서 글로벌 능력으로 추가된 셈이다.

사회에서 부딪치는 문제는 종류도 많고 예측 불가능하다. 또한 미리 접해 보지 않은 것이 많기에 문제를 이해하고, 창의적으로 생각하며, 중요도에 따라 분류하고 선택적으로 처리하는 능력이 매우 중요하다. 또한 혼자서 할 수 있는 일도 매우 적다. 혼자서 해결하는 것보다는 사람들의 도움을 받아서 문제를 해결해야 하므로 설득력과 인간관계가 매우 중요하다.

그리고 더 중요한 것은 본인이 알고 있는 지식을 정확히 표현하고 발표하는 능력이다. 기업에서는 자신이 개발한

제품이나 연구업적을 회사 내외에 발표하고 인정받아야 한다. 이를 위해 평소에 과제 결과를 기술 문서화 하는 방법, 지적재산권으로 권리화 하는 방법, 발표 능력 등을 키워야 한다.

직장인의
마음가짐 _____

조직 생활에서는 직장인이 반드시 가져야 할 마음가짐이 있다. 우선 자신이 갖추어야 할 능력에 대해 제대로 파악하고 목표를 갖는 일이다. 너무도 당연한 이야기처럼 들릴지 모르지만 의외로 사람들이 '능력의 정체성'에 대한 명쾌한 정의 없이 피상적인 생각만을 갖는 경우가 많다.

회사 내에서도 결과가 좋은 것, 과정이 좋은 것, 아이디어가 좋은 것, 남들에게 피력을 잘하는 것 등등 능력에 대한 정의는 다양하고, 같은 일에 대해서도 사람에 따라 판단 기준이 다를 수 있다. 그중에서 나에게 요구되는 '능력', 내가 갖고자 원하는 '능력'의 모습을 정확히 알고 있어야 하고, 그러한 능력을 갖추기 위해 노력해야 한다.

롤 모델을 정하면 그러한 능력에 대해 정의하기가 쉽다. 닮고 싶은 롤 모델을 정하는 것은 사회생활을 시작하는 초년생들에게는 매우 중요한 일이다. 같은 직장 내에서 롤 모델을 정하고 목표를 세워 놓으면 업무 성취도가 올라감은 물론, 자신의 생활에 큰 활력소가 될 수 있다. 몇 년 후 자신이 되고 싶은 이상형을 정해 놓을 경우, 똑같은 일을 하더라도 훨씬 적극적인 자세로 임할 수 있다.

상사와 절대
맞서지 마라 _____

일에 대한 태도와는 별도로 직원들에게 힘든 부분이 바로 조직 내에서 원만한 인간관계를 형성하는 일이다. 남녀를 불문하고 조직 생활에서 실패하는 원인 중 가장 큰 것이 인간관계라는 사실은 이미 널리 알려져 있다.

회사 생활이란, 곧 끊임없는 상사와의 만남이고, 그들과 함께 호흡을 맞추면서 일을 해나가는 지난한 과정의 연

속이다. 그런데 그 과정에서 '절대로(?) 해서는 안 되는 일'
이 있다. 중요한 것은 '절대로'라는 말이다. 때로는 후배의
일 처리가 미숙해도 잘 이해해주는 상사도 있고, 실수해도
덮어줄 수도 있다. 그런데 이 '절대로' 해서는 안 되는 일
을 하게 되면 여기에는 더 이상의 이해도, 자비도 기대할
수가 없다. 요즘 말로 꼰대라고 하더라도 상사에게 맞서는
일은 삼가라. 아마 일부러 맞서는 사람은 없을 것이다. 아
무리 생각해도 상사가 잘못된 선택을 할 때 '충심'에서 직
언하는 경우가 대부분이다.

상사는 회사로부터 공식적으로 부여받은 권력을 가진 사
람이다. 권력은 곧 칼이다. 상사에게 어떤 형태로든 맞서
는 사람이 있다면 그것은 스스로 위험을 자초하는 일이다.
물론 '진심 어린 충언을 받아들이지 않는 상사'를 탓할 수
도 있다. 하지만 그것은 그 누구의 탓도 아니다. 상사에게
서 그것은 자신에 대한 도전으로 받아들여지고, 자신의 업
무 지시를 거부하는 배신의 씨앗으로 보이게 마련이다. 그
충언이 옳은지 그른지는 나중 문제이다. 그러나 오해하지
않아야 할 것이 있다. 상사에게 충언이 먹히지 않는다는

이유로 무조건 상사의 말에 '예, 예~'하면서 맞장구치라는 이야기는 아니다. 이는 조직을 위해서도, 상사를 위해서도 좋지 않은 일이기 때문이다.

상사를 대하는 마음가짐에 있어서 중요한 것은 상사와의 싸움에서는 절대 이길 수 없다는 점이다. 상사와 맞서는 것은 해서는 안 된다. 회사는 관리자 편이므로 상사와의 싸움은 승산이 없는 경우가 많다. 부하가 상사와 마찰을 빚었다면, 이유 여하를 막론하고 진 것이다. 문제를 제기할 때는 조심스럽게 접근해야 한다. 예를 들어 다음과 같이 말하는 것이다. "조금 걱정되는 문제가 있어서 의논드릴까 하는데요?" 물론 공개적인 석상에서는 피해야 한다. 다른 의견을 말할 때는 상사에 대한 존경심을 가지고 해야 한다. 본인이 잘못 생각할 수도 있기 때문이다. 자신이 직접 말을 하는 것이 아니라 상사가 신용하는 다른 사람을 활용하는 방법도 있다.

상사를 건드리지 않고, 심지어 다소 악화된 관계라고 하더라도 그것을 반전시킬 방법은 있다. 그것은 바로 '상사처럼 생각해 보기'이다. 성인이 되어 자신의 기본적인 생각이 변하기는 쉽지 않은 일이다. 지금 막 입사한 신입이라도 자신이 살아온 날들을 봤을 때 생각이 쉽게 바뀌지는 않는다는 것을 알 것이다. 하물며 상사는 이제까지 수년간의 직장생활을 통해서 자신만의 방법을 터득해온 사람이다. 게다가 자신의 방법이 회사의 공식적인 인정을 받았기에 오늘의 그 자리에 오른 사람이기도 하다. 상사의 생각을 나에게 맞출 수 없다면, 상사가 왜 저렇게 생각하고 행동하는지를 깊이 생각해 볼 필요가 있다. 상사의 경험과 위치에서 자신을 바라보고 눈높이를 맞추는 방법을 활용해보자. 이렇게 하면 한 인간에 대한 이해가 깊어지게 되고, 그에 대한 애정이 생길 수도 있다. 또한 이렇게 상사의 눈높이를 잘 생각하고 맞추다 보면 어느덧 어떤 방법으로 상사를 설득할 것인지도 알게 된다.

사실 상사와의 관계만 잘 풀려도 회사 생활은 생각하는 것보다 훨씬 더 쉽다. 하지만 이 문제가 풀리지 않으면 아무리 일하는 역량이 뛰어나도 회사 생활은 고생길일 수밖에 없다. 어차피 그들과 함께 걸어가야 하는 길, 그들을 연구하고 탐구해보자. 조금 더 나은 직장생활의 길을 개척할 수 있을 것이다.

왜
운칠기삼인가? _____

성공적인 직장생활을 위해서도 소위 말하는 로또 당첨과 같은 '운'이 필요하기도 하지만, 노력에 의해서 운을 만들어 내기도 한다. 직장은 개인의 각자 능력이 중요하나, 그에 못지않게 다른 사람들이 나를 얼마나 도와주느냐가 또한 중요하다. 따라서 남들과의 커뮤니케이션 능력과 훌륭한 팀워크가 성공의 중요 요소로 추가될 수 있을 것이다.

운칠기삼運七技三이라는 고사성어가 있다. 실력보다는 운이 더 중요하다는 의미이다. 다시 말하면 여기서 '운'은 개인적인 역량보다는 주위의 도움에 의한 것이고, '기'라는 말은 순수 개인의 능력을 뜻하는 것이다.

회사 생활에서의 경험을 토대로 분석하면 운칠기삼이 되는 시점은 부장이라는 관리직으로 승진할 때부터인 것

같다. 입사 초기에는 운이나 관리능력 보다는 기술이나 업무능력이 중요하지만, 직장생활이 오래될수록 팀이라는 조직을 운영하게 되고 관리를 통한 성과로 나타나기 때문이다.

미국 카네기연구소의 연구 결과에 따르면, 직장에서의 출세와 성공 가능성의 85%가 사람을 다루는 능력에 달려 있고, 개인 업무능력은 15%에 불과하다고 한다. 따라서 대인관계가 얼마나 중요한가를 알 수 있다.

다시 말하면 사회생활에서의 가장 중요한 것은 더불어 사는 사회라는 지극히 평범한 진리에서 출발한다는 것이다. 선의의 경쟁을 통해서 서로 발전하고 부족한 점은 도와주고 함께 땀을 흘려야 한다. 바로 이것이 직장생활에서 '좋은 운'을 부르는 방법이 되어줄 것이다.

때로는 운이
운명을 좌우한다 _____

사람과 기업의 일이란 앞으로 어떻게 될지 누구도 알 수가 없다. 어떻게 보면 '운'에 의해 좌우된다고 할 정도로 일반 적인 예상을 뛰어넘는 경우가 많다. 벤처 열풍일 때 첨단 기술을 개발하는 기업들의 주가가 치솟게 되었는데 나중에 돈을 벌고 성공한 회사를 보니 그다지 기술적으로 어렵지 않은 제품을 개발한 기업들이었다. 세상을 떠들썩할 정도 로 사업적으로 번창했던 제품이 불과 몇 년을 버티지 못하 고 무너지는 대신에 천덕꾸러기를 면치 못했던 기술을 이 용한 제품이 효자 노릇을 하기도 한다.

회사에 입사해서 맡은 과제가 계속해서 실패만 하더니, 남들이 싫어하는 과제를 떠맡았는데 우연히 시장변화가 생 겨서 크게 성공한 사례도 있다. 과거 CDMA 방식의 핸드 폰이 경영이익을 많이 낼 때, 유럽 방식의 GSM 핸드폰의 개발과 사업을 맡았던 사람들이 어려움을 겪었지만, 나중 에는 반대 현상이 나타났다.

한때 의류와 섬유 산업은 사양산업으로 분류가 되었다.

1970~80년대 봉제업은 최고의 수출 상품이었다. 국내의 값싼 인건비로 만들어 낸 다양한 의류들은 해외에서 수없이 팔려나갔다. 하지만 그런 시절이 꺾이자, 사람들이 의류, 섬유 산업은 전 세계적으로 사양산업이라고 말했다. 실제로 기업들이 거기서 발을 빼는 일도 있었다. 그러나 유니클로는 전혀 반대 현상을 일으키며, 야나이 타다시 회장을 일본 최고 부자로 이름을 올릴 정도로 역전 현상을 보여줬다.

불확실성의 시대는 우리에게 도전을 준다. 미래가 모두 예측한 대로 된다면 현재를 더욱 개선하거나 발전하려고 하지 않을 것이다. 미래는 마치 럭비공이 어디로 튈 줄 모르듯이 불확실하다. 물론 로또 당첨처럼 순수하게 운에 의해서 결정되는 것도 있다. 그러나 세상에 운이 적용되는 경우도 많지만, 노력이 필요한 운도 있다.

지금 하는 일을 사랑하는가.
미치지 않으면 사랑할 수 없다.

이나모리 가즈오

3장

일의 본질을 생각하라

'연습'과
'실전'은 다르다

성공 확률을
높이는 법 _____

꽤 오래전 일이다. 수원의 경기도문예회관에서 가수 이문세 씨 콘서트가 있었다. 당시 그는 노래 부르는 중간에 자신의 음악에 관한 이야기도 들려주었다. 본인이 지금까지 발표한 곡이 146곡인데, 그중에서 대중들에게 히트한 곡은 30곡 정도에 불과하다고 말했다. 그래서 콘서트에서는 그리 알려지지 않은 몇 곡을 선정해서 노래를 부른다고 했다. 결국 발표한 곡 중에서 20% 정도만 히트가 됐다는 것이다. 가수들은 직접 대중들의 평가를 받으니, 자신의 곡이 히트되지 않을 때 얼마나 큰 스트레스로 돌아올지 짐작이 간다.

노래의 히트율과 비교해서 연구개발에서도 제품의 양산율을 생각해 볼 수 있다. 실제 생각하는 것보다 이익을 많이 내는 제품은 그리 많지 않으니 소비자를 만족시키는 것이 얼마나 어려운지 알 수 있다. 결국 노래와 제품은 중요한 공통점을 가지고 있다. 바로 시장의 요구를 정확히 파악해야 한다는 점, 그리고 개발 결과물은 냉혹한 소비자의 평가를 받는다는 점이다.

가수나 제품개발자 모두 곡을 만들고 제품을 개발하는 이유는 시장에서 일반 소비자에게 팔기 위함이다. 그러나 실제로는 많은 곡이나 제품이 시장에서 외면당한다. 따라서 소비자에게 어필하기 위해서는 제품 그 자체의 기능, 성능은 기본이고 소비자의 감성에 호소해야 한다. 즉 감성적인 제품개발이 바로 그것이다. 소비자를 행복하게 만들 수 있어야 한다. 따라서 제품의 양산율을 높이는 것은 가수가 노래 히트율을 높이는 것과 같은 의미이다.

누구의 입장에서
보느냐 _____

새로운 제품이 세상에 나오기 위해서는 상상이나 꿈에서 출발해서 구체적인 사양을 정하고 시제품을 만들어야 한다. 그리고 더 나아가 시연을 통해서 기능과 성능을 검증받고 이를 상용화하는 일이다. 무엇보다 이러한 과정은 많은 시간이 소요된다. 특히 칩과 소프트웨어를 처음부터 만들어서 이것을 이용해서 제품을 개발하는 경우 더욱 그렇다.

뉴스에서 세계 최초로 어떤 제품이나 기술을 개발했다는 기사를 접하는 경우가 많다. 이것이 모두 상품화로 연결되어 매출이나 이익으로 연결되었다면 지금보다 더 많은 기업이 일류기업의 대열에 서 있을 것이다. 사실상 제품의 시연 수준에서 당장 상품화가 되는 것처럼 발표하는 경우가 많기 때문이다.

국내에서 개발된 기술이나 제품들은 아직 설익은 과일처럼 개발의 완성도가 떨어지는 상태에서 발표하는 경우가 많다. 그러나 해외 기업의 경우, 상용수준으로 개발되어 있을 때 공식적으로 발표하는 경우가 대부분이다. 예를 들어 핸드폰의 핵심 시스템반도체를 만드는 퀄컴Qualcomm이라는 회사는 상용화가 가능한 수준에서 일정을 제시한다.

'시연 수준(연습)'이냐, '상용화(실전)'냐는 말에서 느껴지듯 큰 차이가 있다. 먼저 시연 수준의 개발은 일반적으로 목표로 세운 제한된 기능을 개발하는 것이다. 이때에는 의도한 기능의 구현 이외의 사항에 크게 제약받지 않는다. 물론 처음의 요구 사항이나 설계에 어느 정도 상용화를 고려한 내용을 일부 반영할 수 있겠지만, 주된 목적은 역시 개발자를 고려한 일부 기능 개발이라고 할 수 있다.

그런데 여기에 '상용화'란 말이 더해지면 그 의미가 바뀌게 된다. 시연 수준이 개발자 입장에서 고려됐다면, 상용화는 철저히 최종 사용자 입장에서 바라보는 것이다. 핸드폰의 예를 들면 사용자가 제품을 사용하는 환경에서 기능성을 검증하는 기후 환경 테스트, 사용자의 지속적인 사용에 따른 제품의 안정성을 검증하는 신뢰성 테스트, 사용자가 제품을 사용하게 되는 지역에서 기능 및 성능을 검증하는 필드 테스트 등 사용자의 손에서 제품이 받을 수 있는 영향을 모두 고려하게 된다. 또한 최종 사용자 입장에서 바라보면, 개발자 입장에서 고려된 기능이나, 문제점에 대

해 여러 가지 해석이 가능하며, 다른 부분과의 연관 관계
를 가지게 된다.

실전은
다르다 _____

상용화(실전) 과정에서는 하나의 기능이나 문제점이 다른
측면에서는 어떤 효과나 악영향을 가져올 수 있는지를 예
측한다. 이에 대처할 수 있는 정도가 제품의 개발 기간과
일정에 큰 영향을 끼칠 수 있다. 그리고 이러한 부분은 제
품개발 경험 정도에 따라 좌우되는 면이 많다. 실제 상용
화를 하게 되면, 자신이 평소에 가지고 있던 관점에서 벗
어나 새로운 관점에서의 시각이 필요하다는 점을 경험한
다. 또 제품에 있어서 기능이나 문제점들의 상호 연관 관
계를 보다 명확히 인식할 수 있다.

또한 '양산'이라는 것도 고려해야 한다. '양산을 고려한
다'는 말은 모든 제품에서 일관되게 그 기능들이 정상적으
로 동작해야 하며, 양산에 따른 공정 과정에서 단말 검증

에 필요한 기능들을 지원해야 한다는 것이다.

시연 수준일 경우에는 몇 개의 시료 중에 잘 동작하는 게 하나만 있어도 그것은 의미 있는 것이 되지만, 상용화에서는 반대로 모든 시료가 정상적으로 작동해야 한다. 즉 하나의 시료라도 정상적으로 동작하지 않는다면 그 증상과 원인을 분석해야 하며, 적절한 대처를 해야 한다. 때로는 문제점 재현성이 떨어져 수백 번 또는 수천 번 테스트를 해야 발생하는 문제들도 있다. 이러한 문제는 사전 예방이 좋겠지만, 문제가 발생한 후에는 이를 해결하기 위한 엔지니어의 끈기도 필요하다.

그리고 양산 시에는 공정에서 제품의 기능 및 성능 검증을 위한 지원도 필요하다. 예를 들어 핸드폰의 경우는 제품을 양산하기까지 설계 검증, 양산 검증, 출하 검증의 단계를 거치게 된다. 설계 검증은 제품개발 초기에 설계상의 오류나 문제점을 초기에 파악하여 해결하고자 하는 목적이다. 양산 검증은 실제 제조 공정상에서 제품을 만들어 각 양산 공정 단계에서의 문제점을 파악하고 해결하고자 하는 목적이다. 그리고 출하 검증에서는 양산 후 제품 출하 전에 제품의 문제점 해결 확인과 검증을 위해 마지막으로 다시 한번 검증하는 것이다.

각 검증 단계에서는 단말의 기능 및 성능 검증을 위하여 여러 항목에 걸친 테스트를 진행하게 되는데, 이 테스트 항목을 검증하기 위해 단말은 필요한 기능을 지원해야 한다. 핸드폰의 기능 검증을 자동화한 인터페이스 및 기능, 핸드폰 기능 검증 시 상태를 모니터하기 위한 툴 및 인터페이스 등이 이에 해당한다.

즉 상용화를 하게 되면 제품의 본래 목적을 위한 기능뿐만 아니라, 양산 시에 이를 검증하기 위한 기능도 함께 고려해야 하는 것이다. 이와 함께 상용화에는 시연 수준의 개발에서 고려하지 않았던 많은 부분에 대한 고려가 필요하며, 그 신뢰성도 요구된다.

나무만 보지 말고
숲을 보라 _____

양산 수준의 제품이 준비되었다고 끝이 아니다. 시장에 내놓고 고객의 반응을 지켜보아야 한다. 제프리 무어의 마케팅 이론에 '캐즘chasm'이라는 용어가 있다. 이 단어는 원래 지질용어였다. 지각변동 등의 이유로 인해서 지층 사이에 큰 틈이 생겨 서로 단절되어 있는 상태를 뜻한다. 시장에서도 이러한 캐즘이 발생할 수 있고, 이는 회사의 실적 악화에 매우 중대한 영향을 미치게 된다.

신제품이 나오면 무조건 구매하는 '혁신 수용자Innovators'로 불리는 계층이 가장 먼저 사용해본다. 전체 소비자의 2~3%에 달한다. 다음은 '선각 수용자Early Adopters'라고 불리는 사람들이 14%를 차지하는데, 그들은 새롭고 혁신적이라는 이유만으로 물건을 구입한다. 그다음 34%를 차지하는 '전기 다수 수용자Early Majority'이다. 이들은 가장 실용적인 소비자이며, 자신에게 직접적인 이득을 주리라는 확신이 생길 때만 상품을 구매하게 된다. 이들이 본격적으로 물건을 사야 고속 성장기에 들어가게 된다. 선각 수용자에서 전기 다수 수용자로 넘어가는 사이에서 틈이 생기게 되는데 이것이 캐즘이고, 이를 극복하지 못하면 결국 사업을 포기해야 한다. 이만큼 시장에서 어떤 제품이 기획되고 개발에서 상품화로 이어져 이익을 내기까지는 무척 어려운 과정을 거친다.

회사에서 과제를 진행한다고 가정해 보면, 벤처 회사의 CEO와 마찬가지로 프로젝트 리더가 가장 중요하다. 자신이 맡은 과제에서 세운 목표가 시장에서 이길 수 있을까? 이를 수행하는 팀원들의 능력이 목표를 달성 가능한 수준인지? 사업화 부서와의 명확한 개발 프로세스나 점검 항목은 가지고 있는지? 위험 요소는 무엇인지? 과제 수행에 들어간 투자액의 회수는 언제 가능한지? 신기술의 시작에서 확산, 그리고 소멸될 때까지 그림을 그리고, 팀에서 해낼 수 있는지도 분석되어야 한다. 또한 시장에서 타사와의 경쟁에서 차별화 가능한 것이 있는지를 찾아야 하고, 생산부서나 타 부서와의 긴밀한 협력을 통해서 양산을 빠르게 해내야 한다. 결국 마케팅 능력은 제품의 기획력, 그리고 상품 개발 능력과 함께 고려해야 할 중요한 요소이다.

그런데 이러한 질문에 대해서 프로젝트 리더뿐만 아니라, 과제에 참여한 팀원들도 답이 항상 가능해야 한다. 나무만 쳐다보면 안 되고, 늘 숲을 함께 볼 수 있어야 한다. 프로젝트 리더와 호흡을 맞추고 항상 함께 일하는 사람들과의 팀워크를 생각해야 한다.

일의
본질은
현장에
있다

일의 본질을
생각하라 _____

우리나라 기업은 '빨리빨리' 문화에 기본을 둔 '결과 중심
적인 사고'를 하지만, 외국 기업은 개발 과정 즉 프로세스
를 중시하고 결과물은 프로세스의 산출물로 생각한다. 이
러한 문화의 차이가 결국 원천기술을 개발하는 부문에서는
절대적인 기술의 차이로 나타나게 된다. 응용 기술에서는
어느 수준까지는 빨리빨리 문화가 통용되지만, 원천기술
개발에서는 단순하게 열심히 하는 것만으로는 불가능하다.

먼저 일의 본질을 생각해야 한다. 일의 분석을 통해서

일의 양과 질을 알아야 하고, 그 일을 하기 위한 순서를 정하고 가장 잘하는 인력을 배치해야 한다. 또한 이 일을 어떤 방법으로 하는 것이 가장 좋은지를 찾아야 한다. 이런 생각들이 잘 정리되어 있고 문서화 되어 있다면 정리된 가이드에 따라서 일을 해나가면 된다.

일하는 데 있어서 나름대로 원칙을 가지는 게 중요하다. 큰일이건 작은 일이건 충분히 고민하고 일의 프로세스를 생각하여 방법을 먼저 만든다. 일하는 부서 간이나 일하는 엔지니어 간 어떤 방법으로 일을 하는 것이 좋은지 구체적으로 명시한다. 이렇게 일의 약속을 지키는 과정에서 신뢰가 생기고 과제의 성과도 나타난다. 처음에는 늦는 것처럼 보이지만 결국 상용화 단계에 가서는 성공적으로 빨리 끝내게 된다.

누구에게 말을 하거나 글을 쓰거나, 무슨 일을 하든지 먼저 깊은 생각을 통해서 논리적인 순서를 그려보고, 작은 덩어리로 나누어진 생각들 간의 연결 관계를 그려보아야 한다. 이러한 일련의 과정이 알고리즘인 셈이다.

지금은 무조건 열심히 일하는 시대는 아니다. 효율적인

방법을 찾아서 체계적으로 일하는 게 중요하다. 기업마다 다르겠지만 필자가 근무했던 삼성의 경우에 6시그마는 제조, 사업화를 위한 개발 부분에서 효율화를 위한 방법으로 활용했고, 연구소는 창의적인 아이디어를 내는 방법으로 트리즈TRIZ를 사용했다.

제대로 효율적으로 일하는 방법 _____

일을 잘하는 사람들에게는 한 가지 특징이 있다. 그것은 곧 프로세스(과정)를 잘 관리한다는 점이다. 그들은 문제를 해결하기 위해 무작정 덤비지 않고 먼저 '문제해결의 과정'을 먼저 떠올린다. 그래서 그들에게는 일하기 전에 이미 일의 처음과 끝이 머릿속에 있으며, 다만 그것을 위해 어떤 방법을 동원해 나갈지를 선택하게 된다. 회사에 입사하면 누구나 일을 잘하고 싶은 마음이 있다. 문제가 생기면 재빨리 해결해 상사로부터 인정받고 싶은 마음도 있다. 이를 위해서는 프로세스에 집중해야 한다. 이러한 프로세스의 힘을 가장 잘 보여주는 것이 바로 '6시그마'이다.

6시그마는 DMADOV(문제정의 – 측정 – 분석 – 설계 – 최적화 – 검증) 방법론을 사용하고 있는데 일의 본질을 꿰뚫지 못하면 실패하고 만다. 먼저 일의 본질을 파악해야 한다. 가장 중요한 것은 Define(문제정의) 단계이다. 해야 할 일을 정하는 단계이다. 문제가 무엇인지 알아야지 일을 분석하고 개선할 수 있을 것이다.

삼성에서 갤럭시폰을 개발할 때의 일이다. 검증 후의 현상을 정확히 정의 내려야 그다음에 문제를 해결할 담당자를 정하게 된다. 그렇지만 서로 네 탓 공방을 하는 사이에 시간을 허비하는 경우가 많다.

6시그마는 가장 일 잘하는 개인 혹은 조직에서 어떻게 하고 있는지를 흉내 내어서 이를 좀 더 체계화한 방법이라고 할 수 있다. 6시그마를 통해서 기업 내의 일하는 태도, 사고방식을 바꿀 수 있다. 무조건 열심히 일하는 것보다는 '제대로', '효율적'으로 일하는 방법을 제시하고 있다. 그러나 새로운 방법을 이해하고 업무에 적용하고, 성과로 연결하는 데는 많은 시간이 걸린다.

갤럭시폰을 만들 때, 본래 작게 만드는데 예쁜 디자인을 활용하다 보면 스피커의 제약, 공간 확보가 적어서 본래 좋은 음질을 보장할 수 없는 태생적인 한계를 지닌다. 또한 화면의 크기가 작은 LCD를 사용하니 화질을 좋게 하는 것이 그다지 눈에 띄지 않는 어려움이 있다.

그런데 이 두 가지 당면 문제를 해결히는 수단으로 6시그마 기법을 적용했다. 먼저 음질 개선을 위해 타 회사의 핸드폰을 갤럭시 제품과 비교하는 일부터 시작하였다. 그리고 이를 토대로 사업부와 담당자들이 핸드폰의 현 수준을 파악하고 음질에 영향을 주는 중요한 인자를 찾았다. 이를 Y라 정하고 다시 Y에 영향을 주는 X인자를 찾는 노력을 하였다. 이를 통하여 기구의 제약으로 인한 음질 보상을 소프트웨어적으로 개발하는 방법을 찾았다. 이를 보드로 제작하여 음질 개선 소프트웨어를 채용한 경우와 그렇지 않은 경우로 나누어 음질을 평가해 보니 실제로 많이 개선되었다.

그다음으로 추진한 것은 화질개선인데 이 분야는 시작 단계에서 커다란 벽에 부딪히게 되었다. 과연 '어떤 것을 화질개선의 요소로 삼을 것인가'였다. 그래서 TV나 모니터에서 사용했던 화질개선 알고리즘을 핸드폰에 접목하는 것을 추진했다. 어떤 알고리즘은 TV 분야에서 가지고 왔고, 일부는 자체 개발하게 되었다. 음질 개선 때와 마찬가지 방법으로 화질에 영향을 주는 요소인 Y를 찾고, 영향을 주는 요소 X를 찾아서 실제로 화질개선이라는 큰 목표를 달성하였다.

한편, 일을 잘하는 또 다른 방법으로 트리즈가 있다. 러시아 과학자 겐리히 알트슐러가 고안한 방법이다. 그는 "발명은 천재만이 할 수 있는 것이 아니며, 보편적인 발명 원리를 찾아낸다면 다른 사람들에게도 가르칠 수 있을 것"이라고 믿었다. 트리즈는 생각의 폭을 넓혀 주는 방법이다. 다시 말하면 문제를 만드는 데 효과적이다. 6시그마와 비교하자면 트리즈는 창의적 사고를 위한 방법론이고, 6시그마는 주로 품질개선과 원가절감과 같은 현재 당면한 문제의 효율화를 목적으로 한다.

일반적으로 새로운 아이디어를 떠올릴 때 우리는 무조건 생각하는 경향이 있다. 아무 바탕이 없는 상태에서 생각하면 막막하다. 트리즈는 창의적 문제해결 이론으로 창의성도 학습할 수 있다는 생각에서 출발한다. 문제가 발생한 근본 모순을 찾아내 이를 해결하는 방안을 모색하는 방법론이다. 주어진 문제에 대하여 얻을 수 있는 가장 이상적인 결과를 정의하고, 그 결과를 얻기 위해 관건이 되는 모순을 찾아내어 그 모순을 극복할 수 있는 해결책을 생각해내도록 하는 방법이다.

이 원리 중에서는 나누어서 생각해보고 또 때로는 분산된 것을 합쳐서 생각해보기도 하고 일부의 것들만 추출해보기도 하는 등의 과정을 거친다. 즉, 관성화된 사고에서 벗어나 이를 다른 시각으로 보려고 시도하는 것이 바로 트리즈 기법의 핵심 원리이다.

트리즈 기법은 기술혁신의 비중이 높은 기업에만 적용되는 것이 아니다. 서비스 업종, 정치, 외교, 문화 예술 등 어디에서나 활용, 가능하다.

6시그마, 트리즈는 일을 추진하는 데 있어서 좋은 방법을 찾는 생각의 툴로 활용하면 좋을 것 같다.

현장에서 문제를
해결하라 _____

회사에서 관리자가 되었을 때 머릿속에 남아 있는 가장 중요한 문장은 '현장에서 보고 듣고, 문제를 해결한다'였다. 처음에 이 말을 들었을 때는 아마도 '생산 현장에서나 의미가 있는 것'으로 생각했다. 그런데 이 말은 직급이 올라갈수록 더욱 실감이 났다.

하지만 이러한 '현장의 중요성'은 입사 초기부터 길러야하는 태도다. 이는 바로 '현장 감각'을 기르기 위함이다. 기획은 결코 현장을 도외시한 채 이뤄지지 않고, 최종적인 제품화라는 것도 결국에는 현장에서 이루어진다. 따라서 비록 현장과 관련이 없는 업무 분야라고 하더라도 반드시 현장이 어떻게 돌아가는지 관심을 가져야 한다. 그러려면 현장에 대한 정보 수집에도 열심을 내야 한다.

리더로 성장하면서 느끼는 가장 중요한 게 팀원들과의 신뢰 관계다. 자신이 속하거나 맡은 부서에 백 명이 있더라도 자신이 생각하는 대로 일사불란하게 움직여야 일이 제대로 된다. 리더의 경우에는 팀원들이 동기에 맞춰 통솔이 되어야만 일이 효율적일 것이고 큰 성과를 기대할 수 있다. 이렇게 하기 위해서도 현장 감각은 필수적으로 갖춰야만 한다.

연구개발에서의 현장경영은 제조와는 사뭇 다르다. 제품을 생산하는 것과 같은 일이 연구실에서 이루어지기 때문이다. 지식이나 생각을 시뮬레이션이라는 기법을 사용해서 설계하고 중간결과는 문서나 발표회를 통해서 확인할 수밖에 없다. 그 후에 칩이나 보드가 완성된 후에야 테스트 과정이나 결과물을 통해서 확인할 수 있다. 따라서 상당 부분은 많은 시간이 지난 후에 결과를 알 수밖에 없다, 그렇기에 자주 만나서 토론하고 진행 상황을 파악해야 한다.

현장에 나가면 특히 현장관리의 중요성을 더욱더 체감한다. 삼성에서 스마트폰의 핵심부품 칩인 모뎀을 개발할 때의 일이다. 모뎀은 기지국과 통신을 하기 위한 중요한 역할을 한다. 팀원들과 함께 현재 개발하고 있는 모뎀의 필드 테스트를 진행하였다. 그동안 보고받은 적은 여러 번 있었지만 직접 차를 타고 달리면서 현장에서 테스트해 보기는 처음이었다. 현장에 직접 간다고 하니 처음에는 실무자들이 의아해했었던 것 같다. 직접 필드 테스트에 참여하였던 이유는 실제 진행상의 문제점을 정확히 알고, 테스트 완료 시점도 예측해 보고, 또 실무자들의 애로사항도 청취할 수 있으리라 생각하였기 때문이다.

서울의 한 지역을 정해서 반복 테스트를 열 번 진행하였고 모두 통과했다. 전에 필드 테스트에서 문제가 발견되었던 항목인데 소프트웨어 수정을 한 후 개선된 것을 확인한 것이었다. 필드 테스트에서 나온 에러 파일을 분석하고 소프트웨어 수정 후 다시 반복 테스트를 수없이 진행하면서 자체 소프트웨어를 안정화해 나간 것이다. 결국 부품 칩의 상품화 기술은 땀과 노력의 산물일 수밖에 없다.

제품 경쟁력의 요소 중에서 가장 중요한 것은 타이밍이다. 그만큼 스피드가 무엇보다도 중요하며, 스피드를 높이려면 업무를 단순화하고 의사결정 시간을 단축해야 한다. 현장에서 직접 확인하고 보고와 지시가 이루어지면 신속하게 의사결정이 이루어질 수 있다.

경영의 모든 문제는 현장에 있고, 모든 답 또한 현장에 있다는 사실을 잊지 마라.

왜
실패하는가? _____

디지털 오디오 테이프^{DAT}는 기술적으로는 뛰어났지만 가전 상품으로 성공하지 못했던 사례이다. 그 당시 DAT는 기술적으로는 일본의 CD에 버금가는 고급 음질의 혁신적인 제품이었다. 제품 그 자체는 매우 뛰어났지만, 고객이 원하는 것은 두 가지였다. 많은 곡을 저장하고, 원하는 곡을 쉽게 다운로드하는 것이었다. 결국 많은 연구개발을 했음에도 불구하고 방송용 기기나 기업의 데이터 저장용으로 전락하고 말았다.

결국 데이터 압축 기술을 활용하고 인터넷 시대가 오면서 두 문제는 쉽게 해결되었다. 그리고 DAT는 MP3 플레이어로 발전하면서 대중적인 상품화를 이루었다. 이것은 음질은 높지 않았지만, 일반 소비자가 느끼는 수준에서는 만족했고 더 많은 곡도 인터넷을 통해서 다운로드 받을 수 있게 되었다.

MP3 플레이어는 1997년 우리나라의 벤처기업인 디지털캐스트가 '엠피맨'이라는 이름으로 세계 최초로 개발하였다. 애플은 우리나라 제품을 발전시켜서 새로운 MP3 플레이어를 시장에 내놓았다. 한국 업체들이 발 빠르게 사업으로 연결해 대성공을 거둔 MP3였지만, 결국 시장을 장악한 것은 애플사였다.

하드웨어인 'iPod'와 소프트웨어 서비스인 'iTunes'를 통한 콘텐츠 서비스업이 연계된 것이 차별화된 전략이 되었다. 경쟁사와 다른 시스템과 콘텐츠로 소비자의 생활 속에 자연스럽게 스며들었고, 자신들이 제공하는 환경하에서 하드웨어와 서비스를 함께 판매하는 전략이 적중한 것이다.

항상 고객 중심으로 사고해야 한다. 그러려면 고객 중심의 과제개발에 있어 세 가지를 고려해야 한다.

첫째는 적합 개발이다. 고객이 원하는 것, 시장이 원하는 것에 적합해야 한다. 이는 규격을 만드는 것에 해당하며 개발의 첫 단계로 매우 중요하다. 엔지니어가 만들고 싶은 제품이 아니고 고객이 진정으로 원하는 제품을 만들어야 한다.

둘째는 적정 개발이다. 품질수준은 적정해야 한다. 투입

된 자원 대비 무리한 수준이 되어서는 안 된다. 최고 품질의 좋은 제품을 만드는 것이 아니고 팔리는 제품을 만들어야 한다.

셋째는 적기 개발이다. 시장에 제품이 도입되는 시기는 빨라서도 느려서도 안 되고 적기에 출시되어야 한다. 세워놓은 개발 일정은 반드시 준수해야 한다. 결국엔 소비자를 만족시키는 기업만이 시장에서 이긴다. 소비자 만족이란 관점을 상실한 기업들은 반드시 몰락의 길로 갈 수밖에 없다.

기본을
지키고,
차별을
꾀하라

기본 지키기가
최우선이다 ___

2002년 히딩크가 축구 대표팀 감독을 맡았을 때의 일이다.
한국 선수들은 기술은 좋은데 체력이 좋지 않다고 판단하
여, 체력 담당 코치를 별도로 두고 체력훈련을 강화했다.
체력을 기본으로 본 것이고 이 전략은 잘 맞아떨어졌고,
결국 2002년 월드컵 4강 신화를 이뤄냈다. 골프를 칠 때도
느끼겠지만, 잘못된 폼으로 열심히 노력해 보았자 허사다.
어찌 운동뿐이겠나, 건축물을 지어도 기초를 튼튼히 하지
않아서 생긴 대형 사고가 많다.

일의 본질

요즘처럼 치열한 경쟁 시대에서 다른 사람들보다 앞서가는 방법은 무엇일까? 만약 이것을 알 수 있다면 회사 내에서도 훌륭한 인재로 성장해나갈 수 있을 것이다. 필자도 이에 대해서 누구보다도 많이 고민했다. 스스로 회사에서 인정받고 성공하는 사람이 되고 싶었기 때문이다. 그렇다면 직장인으로서 갖추어야 할 '기본'은 무엇일까?

사전적 의미는 '사물의 기초와 근본'이다. 직장인으로서의 기본은 마음가짐, 몸가짐, 그리고 맡은 업무 분야에서 반드시 알아야 하고, 지켜야 하고, 실천해야 하고, 또 체질화해야 하는 사항일 것이다. 우리는 흔히 일이 잘못되었을 때, '기본이 안 돼 있다'라는 말을 자주 한다. 또한 기본은 절차와 규칙을 지키는 것이다. 머리가 아닌 마음에서 우러나와 실천되고 습관화하는 것이다.

주변에 성공했던 많은 이들의 모습을 살펴보면, 무엇보다 중요한 것은 바로 '믿음을 바탕으로 한 성실성'이 첫째 덕목이다. 삼성에서 인간미, 도덕성, 에티켓을 삼성 헌법이라고 규정해 놓은 이유도 여기에 있다. 지금처럼 속도가 중요한 시대가 되면서 성실한 사람은 변화가 빠른 요즘 시대에 잘 맞지 않는 것으로 생각하는 경우가 있는데 이는 큰 착각이다. 성실성은 가장 기본적인 항목이다. 성실성은 진실이고 정직이다. 또한 사람됨의 기본이다. 성실한 사람은 올바르고, 지혜롭고, 용기가 있다.

둘째, 프로기질과 주인의식이다. 자신감은 자신의 업무에 대한 끊임없는 고민과 실력에서 생기게 된다. 일을 철저하게 하겠다는 생각이 중요하다. 돈을 받고 일하는 종업원과 주인이 일하는 데는 많은 차이가 있다. 사람이란 일의 결과가 자기에게 돌아올 때 비로소 모든 힘을 다 쏟게 되기 때문이다. 이러한 주인의식을 가지고 있을 때, 일 자체도 재미있고 더욱 열의를 가지게 된다.

셋째, 체력이다. 회사 생활에서 초년생 시절은 잘 모르는데, 소위 말하는 관리자급으로 올라가면서는 체력의 중요성을 더욱 느끼게 된다. 건강이 소중하지만 급하지는 않다는 생각으로, 또 바쁘다는 핑계로 운동을 소홀히 하고 무리하게 몸을 다루거나 야근하거나 과음한다. 일이 많아서 스트레스도 풀고, 주위 동료들과 친분도 쌓아야 한다는 핑계를 대기도 한다. 대부분 직장인은 머리를 쓰는 일에 많은 시간을 할애한다. 몸이 튼튼하면 맑은 정신으로 일을 더욱 잘 할 수 있다. 몸이 아프거나 무너지면 아무 소용이 없는 것이다.

기업경영 원칙에 '1, 10, 100의 법칙'이 있다. 최초의 설계 단계에서 문제점을 인지해서 제대로 대응하면 1의 비용으로 가능하지만, 그것을 그냥 숨기고 지나치면 10의 비용이 들며, 최종 소비자에게서 결함이 발견되어 고치면 처음보다 100배나 더 든다는 얘기다. 기본을 지키지 않아서 100배 이상의 비용을 낭비하는 사례도 많다.

'100-1=0'이라는 '깨진 유리창의 법칙'도 있다. 유리창 하나 금이 갔다고 대수롭지 않게 그냥 두었다가는 회사가 망하는 일이 생긴다는 것이다. 그러니까, 조직에 작은 문제라도 생기면 그것을 즉시 시정해야 같은 문제가 발생하지 않는 것이다. 결국 기본을 놓치면, 회사에 큰 손실이 생기는 것이다.

결국 개개인의 기본 지키기가 얼마나 중요한가.

수원 갈빗집의
비밀 _____

수원에는 갈비가 유명하다. 그중에서도 필자가 자주 찾는 집이 있는데, 휴일에 가면 자리가 없을 정도로 손님이 많다. 그러면 그 비결은 무엇일까? 의외로 고기 맛은 아니고, 된장찌개 맛에서의 차이 때문이다. 갈비 맛은 어느 집이건 비슷하지만 된장 맛의 또 다른 차이로 인해 경쟁력을 갖게 되는 것이다.

또 하나의 예로 필자가 자주 가는 집에서 약간 먼 곳에 이발소가 있다. 집 가까운 곳을 멀리하고 그 집을 찾는 이유는 주인이 항상 웃는 모습으로 손님을 반겨주기 때문이다. 이발 실력이 뛰어나서는 아니다. 바로 서비스가 차별점이다.

자동차의 경우를 보면, 엔진의 성능이 떨어져서가 아니고 그 외의 다른 요소가 가격을 달리한다. 소음을 줄이는 것, 차 안에 위치 추적 장치를 설치하는 것, 안전도를 높이는 것 등이 있다. 냉장고는 얼음이 잘 얼어야 하고 에어컨은 찬 바람이 잘 나와야 한다. 나중에 이 두 제품의 경쟁력 요소는 절전이라는 것이 차별화 요소가 되었다.

그냥 "핸드폰"은 언제 어디서나 전화가 잘 터져야 하고, 통화 시의 음질이 가장 중요했다. "한국 지형에 강하다"라는 어느 회사의 광고 문구를 기억할 것이다. 이 시기에 우리나라 핸드폰이 외국의 핸드폰 업체와의 경쟁에서 이길 수 있었던 것은 음질이라는 기본을 중시한 차별화 성공의 결과이다.

그다음에는 고객의 눈높이가 올라가면서, 전화기로서의 기본 기능인 음질, 대기시간, 통화 시간 등을 모두 갖추고 있더라도 제품디자인, 멀티미디어 기능이 핸드폰의 경쟁력을 표현하는 수단이 되기도 했다. 여기서 끝나지 않았다. DMB가 있는 모바일 TV가 폰에 들어가기 시작했다. 이렇게 되고 보니 전화기로서의 음질 외에 오디오 사운드, TV 화질이 중요해지기 시작했다. 다음으로는 핸드폰의 슬림화 경쟁이 본격화되면서 디자인이 차별점으로 부각되기 시작했다.

앞에서 열거한 몇 가지 예만 살펴보아도 기본 기능이 매우 중요하지만, 경쟁력을 위한 차별점은 부가 기능에서 비롯된다는 점을 발견할 수 있다. 수원 갈빗집이 고기 맛을 더 좋게 하려고 연구개발에 총력을 기울였다면, 성공할 수 있었을까? 머리를 잘 깎는 이발소는 성공할 수 있었을까? 핸드폰은 전화기이니 음질만을 강화하는 방법을 채택했으면 어떻게 되었을까? 초기시장 진입에서는 기본 기능에서 경쟁력의 차이가 나타나지만, 경쟁이 더 치열해진 시장에서는 기본 기능은 비슷하므로, 부가 기능 혹은 보조기능에서 차별점을 찾아야 한다.

차별화,
다름을 찾아라 _____

국내 전문가들은 기업이 선진 기업을 따라 하는 패스트 팔로우(추격자)에서 벗어나서 퍼스트 무버(선도자)로 가야한다고 주장한다. 이제는 한국 경제와 기업들의 빠른 추격자 전략이 더 이상 통하지 않는다는 것이다. 저성장의 수렁에서 벗어나려면 퍼스트 무버로 가야 하며, 이를 달성할 방법으로 월드 퍼스트(세계 최초)를 강조한다.

'세계 최초'라고 하면 떠오르는 기업이 있다. 바로 일본의 소니라는 회사이다. 지금은 게임, 음악, 영상 등의 사업이 전체의 절반을 차지하는 콘텐츠 기업으로 변신에 성공했지만, 80년대, 1990년대 세계 가전 시장을 주름잡았던 회사이다. 오디오, TV, 컴퓨터 등 소니 가전은 늘 세계 최초의 고가 제품이었다.

소니의 라디오, TV, 오디오 제품은 아날로그 기술에 기반을 둔 제품들이다. 소니의 월드 퍼스트 제품이 퍼스트 무버의 자리를 차지할 수 있었던 것은 남들이 쉽게 따라오기 어려운 아날로그 기술이 핵심이었기 때문이다. 그러나 디지털 TV로 넘어오면서 삼성, LG에 밀리게 되었고, 워크맨은 결국 MP3 플레이어의 등장으로 시장에서 사라졌다. 또한 핸드폰 사업도 실패로 끝났다.

왜 이런 일이 생겼을까? 소니가 가전 분야에서 1등 자리를 지속할 수 없었던 이유는 제품의 디지털화를 제대로 준비하고 혁신하지 못했기 때문이다. 아날로그 기술에서는 축적된 경험이 매우 중요하다. 남들이 단시간에 따라가기는 어렵다.

디지털 환경으로 바뀐 오늘날에는 세계 최초 제품, 기술은 의미가 없다. 후발주자가 얼마든지 새로운 차별성으로 시장의 판도를 바꿀 수 있다. 애플이라는 회사는 월드 퍼스트 제품이 하나도 없다. 그래도 우리는 애플을 세계 최고의 혁신기업이라고 부른다. 애플은 후발주자이지만 세상을 뒤흔들 만한 혁신으로 기존 시장의 선발 진입자를 몰락시키고, 시장 전체 파이를 더 키워 1등 기업으로 성장할 수 있었다.

세계 최초의 MP3 제품은 우리나라 기업이 해냈다. 1998년 3월 '엠피맨'이라는 제품으로 엠피맨닷컴이라는 기업이 세계 최초로 시장을 개척했다. 그 이후 대중시장화를 이끈 것은 역시 국내 기업인 레인콤이었다. 2001년 미국 시장 진출 6개월 만에 시장점유율 1위를 차지할 정도로 잘 나가던 기업이었다. 그러나 바로 그해에 애플이 아이팟을 출시하면서 레인콤에서 생산하는 아이리버 제품은 시장에서 사라졌다.

아이팟의 성공 요인은 바로 아이튠즈라는 새로운 플랫폼의 변화에 있었다. 아이튠즈에서 음악 콘텐츠를 구매하는

데 익숙해진 소비자들은 아이팟을 기존 MP3 플레이어 중의 하나가 아니라, 아이팟 그 자체로 새로운 제품으로 인식했다. 현재 소비자들은 세계 최초의 MP3 플레이어는 애플이 만든 것으로 인식하고 있다.

스티브 잡스는 창의성을 '연결하는 것Creativity is just connecting things'이라고 정의한다. 스탠퍼드대학교 연설에서 자신의 인생을 연결하는 지점connecting the dots에 대해 이야기한 것도 같은 맥락이다.

창의성의 본질은 일반적으로 가지고 있는 통념처럼 꼭 세상에 없던 새로운 걸 만든다는 의미만은 아니다. 단순한 모방은 창조의 어머니가 아니다. 단순한 모방은 물음Why이 없다. 치열한 고민이 없다. "왜? 이렇게 했을까? 그다음으로 이렇게 하면 어떨까? 재해석을 통해서 다름을 만들어라."

결국 4차 산업 시대에서 세계 최고의 제품을 만드는 방법은 무엇일까? 세계 최초만을 추구할 이유는 없다. 현재 나와 있는 제품에서도 가능하다. 혁신제품은 다름을 찾는 과정에서 만들어지기 때문이다.

삼성에서도 차별성을 '다름'에서 찾은 사례가 있다. 갤럭시노트와 LED TV가 대표적인 제품이라고 할 수 있다.

삼성전자의 갤럭시노트는 기존 제품에서 화면을 키우고 메모 기능이 가능하게 한 태블릿 제품이다. 이것은 휴대가 불편한 태블릿PC의 단점을 보완한 것으로 태블릿PC보다 얇고 작게 디자인되어 5~7인치 화면을 사용한다. 스마트폰Smart Phone과 태블릿Tablet의 단어를 합성해 패블릿Phablet 혹은 태블릿폰이라고 부르기 시작했다.

컴퓨터 회사인 델Dell이 처음으로 2010년에 5인치 디스플레이를 장착한 스트릭Streak이라는 패블릿 제품을 시장에 처음으로 내놓았다. 그러나 2011년 삼성이 5.3인치 갤럭시노트를 시장에 내놓으면서 출시 두 달 만에 100만 대 이상 팔렸다. 그다음 해에 출시한 갤럭시노트2는 한 달 만에 200만 대가 팔리면서 삼성 노트 제품이 태블릿 시장을 주도하게 되었다. 여기에는 델 제품 대비 S펜의 성능 향상이 차별점이었다. 전용 애플리케이션(앱) S메모를 활용할 때. S펜으로 화면에 글씨를 쓰면 그 상태 그대로 입력된다. 필기구 형태도 선택할 수 있다. 볼펜부터 굵은 붓까지 색깔과 굵기를 고를 수 있다. S메모에 쓴 글씨가 텍스트로 바로 전환되는 것도 큰 호응을 얻었다.

또한 액정표시장치^{LCD} TV에 발광다이오드^{LED}를 광원으로 사용하면서 저전력, 고화질의 장점을 가진 LED TV도 대성공을 거두었다. 그동안은 LCD패널용 광원은 형광등과 같은 광원체^{BLU}였었지만, 발광다이오드를 사용하면서 화질(질감)이나 밝기 등이 밝아지고, 전력 소모를 줄일 수 있었다. 갤럭시노트, LED TV 모두 기존 제품에 약간의 '다름'을 통해 혁신제품으로 재탄생한 사례다.

변화의 시점을
놓치지 마라

기술은 일의 본질을 바꾸고 개인과 사회에 큰 영향을 미친다. 디지털 기술의 기반하에 반도체, 통신, 컴퓨터가 과거의 중요 기술이었다고 한다면, 미래에는 인공지능(AI), 사물인터넷^{IoT}이 주도할 것이다. 그런데 기술은 핵심 가치가 있기 마련이다. 이 가치를 찾아내면 미리 준비하면서 변화에 대응할 수 있다. 일본의 소니는 디지털 기술로의 전환이 늦었다. 핀란드의 노키아는 일반 휴대전화에서 스마트폰으로의 대응이 늦었다. 기술의 핵심 가치를 제대로 읽지 못했기 때문에 변화의 시기를 놓친 것이다.

우리가 현재 경험하는 많은 변화들은 디지털 기술에서 왔다. 디지털 기술의 핵심 가치는 데이터의 저장과 교환이다. 이는 '손가락', '발가락' 그리고 '손가락으로 수를 세는 것'이라는 뜻을 가진 라틴어 '디지트Digit'를 알면 이해된다. 손가락을 하나, 둘 세듯이 아날로그 데이터를 '1'과 '0'의 두 가지 상태로 표현했다. 이렇게 되면 데이터를 쉽게 저장 또는 교환할 수 있다. 디지털TV, 디지털 오디오 기기, 디지털 방식 핸드폰 등이 대표적이다. 디지털 기술이 통신과 컴퓨터에 응용되고, 인터넷 기술이 보급되면서 산업화 사회에서 정보화 사회로 진입했다. 철도, 자동차, 항공 산업이 물리적으로 네트워크를 만들었다면, 인터넷을 통해서 정보 네트워크가 급속히 진행됐고, 시·공간의 장벽도 무너졌다. 이는 지구를 하나로 묶는 세계화를 만든 것이었다.

1990년대 초 기술 발전으로 크고 많은 양의 설계가 가능한 시스템반도체SoC 개발로 바뀌면서 설계, 제조 방법 등 큰 변화를 맞았다. 마치 작은 도시의 건물을 짓는 것에서 큰 도시를 조성하는 규모의 많은 건물을 짓는 수준으로 변하다 보니 고려할 사항도 많아졌다. 그런데 정말 중요한 것은 사람의 뇌에 해당하는 중앙처리장치^{CPU}가 시스템반도체 안으로 들어간다는 사실이다. 따라서 그 안에서 동작시킬 소프트웨어 기술이 더욱 중요해졌다. 많은 기능, 성능을 소프트웨어로 구현하기 때문이다. 예를 들어 스마트폰 카메라에 사용되는 이미지센서 반도체에서의 좋은 화질은 이미지 신호처리를 담당하는 소프트웨어가 담당한다.

다시 말해 시스템반도체로의 변화에서 소프트웨어가 매우 중요해진다는 사실을 읽어내야 하고, 이에 대한 준비도 이뤄져야 하는 것이다. 기업은 소프트웨어 인력을 육성해야 할 것이고, 개인은 소프트웨어 역량을 키워야만 시스템반도체 시대에서 경쟁 우위에 있게 된다.

사물인터넷은 어떨까? 우리 주변의 모든 사물을 인터넷으로 연결하고, 사물들 스스로 데이터를 수집하고 분석해서 알아서 척척 해주는 세상을 만드는 것이 목표이다. PC와 스마트폰이 정보를 쓰고 활용하는 주체가 사람이었다고 한다면 사물로 중심이 바뀌는 셈이다.

사물인터넷의 핵심 기술 가치는 사물의 지능화에 있다. 이를 가능하게 하는 것은 클라우드이다. 사물을 똑똑하게 만든다. 모든 사물에 센서와 컴퓨터 프로세서, 통신 모듈이 탑재되고 사물이 많은 데이터를 생산하고 모으는데, 지능서비스는 클라우드 서버에서 만들어지고, 빅데이터, 인공지능을 활용한다. 현재 지능화의 발전이 더딘 것이 많은 사물인터넷 기업들이 비즈니스에서 크게 성공 못하는 이유이기도 하다.

미국의 미래학자 커즈와일이 예측한 대로 2045년에 기술이 인간의 능력을 뛰어넘는 특이점이 올지는 알 수 없다. 그렇지만 기술의 진화는 기하급수적으로 진행될 것은 분명하다. '변해야 산다'라는 말은 상황변화에 잘 대응해야 한다는 것뿐만 아니라, 변화를 예측하고 준비해야 하는 것이다. 누가 빠르게 미래를 준비하고 도전하고 실행하느냐에 달려있다. 변화의 중심에 기술이 있다. 기술의 핵심 가치를 앞서 읽고 변화해야 한다.

'다름'에서 찾은
애플의 혁신성 _____

"노랗게 물든 숲속에 두 갈래 길이 있었습니다. (…) 나는
사람이 적게 간 길을 택하였고 그것으로 해서 모든 것이 달
라졌다고." 로버트 프로스트의 '가지 않는 길'의 일부 구절
이다.

애플은 남이 가지 않는 새로운 길을 만든 기업이다. 사
람들이 스마트폰을 통해서 일상을 확인하고, 정보를 검색
하고, 상품도 구매하고, 친구들과 대화를 나눈다. 내 손 안
에서의 새로운 세상을 만들었다. 아이폰이 세상에 나오면
서 스마트폰의 역사가 시작되었다고 보아도 틀린 말이 아
니다. 스마트폰의 대중화 시대를 열었다.

아이폰과 스티브 잡스는 늘 혁신의 아이콘으로 불린다.
도대체 스티브 잡스가 추진했던 혁신성은 과연 무엇일까?
세계 최초, 최고의 기술을 말하는 것일까? 아니다. MP3
플레이어는 우리나라가 세계 최초로 개발했다.

그러면, 스마트폰은 누가 세계 최초로 개발했을까? 당연
히 애플이 아니다. 1992년에 열린 컴퓨터산업전시회COMEX

에서 IBM이 사이먼Simon을 공개했다. 기본적인 전화 통화 뿐만 아니라 이메일, 팩스, 호출이 가능하고, 계산기, 달력, 시계 그리고 게임이 가능했다. 지금의 스마트폰의 모습을 그대로 가지고 있는 혁신제품이었지만 사업화에는 실패했다.

애플은 MP3 플레이어, 스마트폰은 경쟁사보다 개발이 많이 늦었다. 스마트워치도 삼성보다 1년 이상 늦게 싱용화했지만, 1등을 차지하고 있다. 스티브 잡스의 창조, 혁신성은 시사하는 바가 크다. 그가 처음부터 새롭게 만들어 놓은 것은 없다. 무엇이 애플의 혁신성, 철학이라고 할 수 있을까? 애플이 추진했던 혁신성을 서양미술에서 찾아봤다.

첫째, 인간 중심적 사고를 엿볼 수 있다. 이것은 서양미술의 근간이 된 그리스, 로마 미술을 계승했고, 인간 중심 사상을 바탕으로 하여 이상미, 조화미, 균형미를 추구하였다. 중세의 화가는 상상하는 마음으로 하나님의 눈으로 그렸지만, 르네상스 화가는 인간의 눈으로 표현했다. 신에서 인간 중심으로의 변화이다. 내 눈에 가까운 곳은 크게, 먼

일의 본질

곳은 작게 보인다. 회화의 원근법은 중세가 아닌 르네상스 시대에 발명되었다 스티브 잡스는 "기술과 인문학의 교차점에 서 있으려고 노력했다. (…) 제품이 사용자들에게 오게 하려고 노력했다"라며 인간 중심 제품개발의 중요성을 설명한 바 있다. 한마디로 고객의 욕구를 이성(기술)이 아닌 감성(인간)에서 찾은 결과이다.

둘째, 인상주의 화가들의 혁신적인 시도를 들 수 있다. 르네상스 시대부터 사실주의까지 이어져 왔던 명료한 데생, 입체감, 정확한 명암법 등을 깨고, 회화 대상을 평면적으로 짧고 거친 붓 터치로 그리고, 형태보다는 순간적으로 변화하는 빛의 효과를 통해서 생생함을 추구했다. 이전 시대에는 상상하지 못했다.

1791년, 프랑스 정부는 화가들의 우수성을 전 세계에 알릴 목적으로 미술 전시회, 즉 살롱전을 시작했다. 살롱전에 입상한 작품은 명성을 얻는 것뿐만 아니라 정부가 화가의 판권을 보장해 주는 혜택도 누릴 수 있었다. 그러나 심사 기준은 전통적 기법이 우선시됐고, 사진과 같이 세밀한 그림을 추구했다. 그런데 5,000여 점의 작품 중 3,000여

점이 탈락하는 일이 벌어지자 예술가들의 항의도 매우 거셌다. 이에 1863년 프랑스 정부는 낙선한 화가들을 중심으로 '낙선전'이라는 전시회를 마련해준다. 낙선전은 혁신적인 그림을 전시할 수 있는 기회가 되었다.

1863년, 낙선전에 마네는 '풀밭 위의 점심식사'라는 그림을 출품하는데, 논란과 조소의 대상이 되면서 유명한 인물이 되었다. 이 그림은 인상주의가 탄생하게 되는 계기를 만들게 된다. 당시로서는 너무 파격적이었던 이 그림은 관람자들이 우산으로 찍으려 했기에 3미터 높이 걸어야 했다. 전통적인 화가들이 경전처럼 생각한 원근법, 명암법을 지키지 않았기 때문이다.

그 이후 예술계에서 소외됐던 모네, 세잔, 드가, 피사로, 르누아르, 시슬레 등의 화가들이 1874년 독립전시회를 열게 된다. 또 한 번 당시의 화단을 경악하게 한다. 그림들은 형체조차 명확하지 않았다. 그리다가 만 듯한 그림들은 인상적이라는 조롱을 받았고, 대표적으로 모네의 '인상, 해돋이'에서 인상주의라는 이름이 탄생하게 된다. 이처럼 미술 작품을 만드는 것이나 제품을 개발하는 것이나, 혁신적인 일은 늘 어렵다.

천재 화가 피카소는 "훌륭한 예술가는 모방하고, 위대한
예술가는 훔친다"라는 말을 남겼다. 대가들의 그림을 모방
하면서 남들과 다르게 표현했다. 같은 제목의 다른 그림들
이 있다. 모네는 마네보다 여덟 살이 아래이고, 마네에게
경의를 표현함으로 '풀밭 위의 점심식사' 작품을 따라 그렸
다. 마네의 그림은 인물의 포즈와 배치는 라파엘로의 데생
으로 마르칸토니오 라이몬디가 만든 동판화 '파리의 심판'
을 모방한 것이었다. 또한 논란의 대상이었던 마네의 '올랭

피아'도 티치아노의 '우르비노의 비너스'를 새롭게 재해석한 그림이다.

고흐는 처음으로 모사한 그림이 밀레의 '만종'이었고, '씨 뿌리는 사람'은 모작을 12편이나 했다고 한다. 피카소의 작품을 보고, 그 누구도 표절이라고 하지 않는다. 다르게 그리기 위한 것이기 때문이다. 피카소의 '아비뇽의 처녀들'은 입체파(큐비즘)의 서막을 연 작품이다. 후기 인상파의 대표 인물인 세잔의 '목욕하는 여인들'의 영향을 많이 받았다.

1997년, 스티브 잡스는 자신이 창업한 애플사에서 쫓겨났다가 컴백하여 광고를 통해 애플의 철학을 발표했다. 'Think Different(다르게 생각하기)'이다. 이것은 새로운 시작이었다. 미술 세계에서 대가의 그림을 모방하고 새롭게 재해석을 통해서 창의적 그림을 얻어내는 것과 같다. 현재 있는 것에서 다름을 찾겠다는 것이다. 동서양의 남과 다른 생각을 가졌던, 그리고 위험을 감수하고 새로운 것을 추구하며, 실패를 두려워하지 않는 용기로 세상을 훌륭하게 변화시켰던 위인들로 피카소, 에디슨, 존 레논, 달라이 라마가 등장했다. 이 광고에서의 선언이 실천으로 이어져 2001

년 아이팟, 2007년 아이폰, 2014년 아이워치가 출시되면서 모두 세계 1등 제품으로 성공하게 된다.

그림 안에는 그 시대 인간의 사유와 삶의 모습들, 시대의 한계를 뛰어넘으려는 창조적 활동의 모습이 녹여있다. 한 화가의 그림을 감상한다는 것은 그 시대를 살아가면서 느끼고 고민한 땀과 호흡을 함께 하는 것이다.

애플의 혁신성은 르네상스 미술의 인간 중시, 인상주의 미술의 전통적인 회화 방식의 파괴, 현재에서 '다름을 찾고자 하는 것'과 일맥상통한다.

훌륭한 예술가는 모방하고,
위대한 예술가는 훔친다.
피카소

4장

일 잘하는 리더가 되라

어떤 리더가
될 것인가

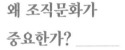

왜 조직문화가
중요한가? ____

우리는 문화라는 말을 자주 사용한다. 함께 나누고 있는 사고방식, 말투, 가치관이 뒤섞여서 그 집단 특유의 문화를 만들어낸다. 부부간에도 오래 살다 보면 닮게 되고 직장에서도 함께 지내다 보면 상사의 말투까지도 사원들이 닮는 경우를 본다. 신입사원이 새로운 조직에 배치되면 본인도 모르는 사이에 그 분위기에 동화된다. 그는 조직의 일원이 되고 과거에 만들어 놓은 기존 방식이나 습관에 따라 행동하게 된다. 반대로 신입사원이 너무 많아지면 조직의 풍토가 젊은 문화로 바뀌기도 한다. 과거와는 또 다른 새로운 문화가 형성되는 것이다. 이와 함께 각 개인의 문화라는 것도 있다. 어떤 사람은 인생의 최고 목적을 부의 축적에 두기도 하고, 명예를 높게 생각하기도 한다. 개인의 삶의 방식도 따지고 보면 좁은 의미의 문화, 즉 인생관과 가치관에 의해 달라진다.

직장생활을 잘하기 위해서는 '조직의 문화'에 대한 이해가 필수적이다. 그리고 자신의 문화인 인생관과 조직문화를 잘 접목해야만 한다. 그래야만 서로 충돌하지 않고 조화롭게 균형을 이루기 때문이다. 실제로 도저히 조직문화에 적응하지 못할 땐 퇴사하기도 한다. 따라서 서로 간의 문화를 이해하고 이를 조화시키는 것은 향후 수년간, 혹은 수십 년간의 회사 생활을 좌우하는 매우 중요한 문제이다.

이를 위해서는 우선 회사 내 동료들은 어떤 원칙과 철학을 가지고 일하는지를 봐야 한다. 더불어 회사가 좋은 문화를 만들고 있는지도 살펴봐야 한다. 회사는 기계가 아니다. 사람들의 집단이므로 인간적인 체취와 감성이 풍기는 조직 풍토를 만들어야 한다. 사람들을 위해 가장 좋은 환경을 만들어야 한다. 그래야만 직원들이 가장 즐거운 마음으로 서로 간에 신뢰를 바탕으로 협력하며 조직의 목표를 위해서 최선을 다한다. 그 결과 좋은 성과를 기대할 수 있는 것이다.

어느 조직은 매우 우수한 인력들로 구성되어 있지만 주어진 과제를 달성하지 못하고 결국 실패하는 경우가 있다. 이는 팀워크라고 하는 '문화의 실패'에서 그 원인을 찾을 수 있다. 반면 팀워크가 좋으면 조직이 성공적으로 과제를 잘 끝낸다.

일을 잘하게 하는 좋은 문화는 단순하게 분위기가 좋은 것만을 의미하지 않는다. 구성원 모두 개개인이 중요한 일을 하고 있다는 생각, 자기 자신의 일에 대한 자부심, 애착, 하는 일에 대한 사명감, 그리고 동료들 간의 즐거움에서 나온다. 이와 더불어 공정한 평가와 성과가 참여자 모두에게 정확히 나누어져야 한다. 자유로움 속에 질서가 있고 구성원 간에 선의의 경쟁을 통해서 서로가 발전해야 한다. 어느 정도의 치열함과 긴장감이 있는 조직문화가 만들어져야 한다.

문화는 처음부터 있는 것이 아니고, 만들고 다듬어 나가는 것이어서 조직 구성원 모두의 노력으로 완성되는 것이다. 그중에서도 리더의 가치관, 생각, 일하는 방식이 무엇보다도 중요하다. 리더의 생각이 전체 조직의 분위기와 실행철학을 만들기 때문이다. 따라서 회사에서 일할 때는 지금의 리더가 과연 궁극적으로 무엇을 목표로 하고 있는가, 어떤 문화를 만들고자 하는지를 살펴보아야 한다. 이는 단지 상사의 명령에 따르라는 게 아니라, 문화를 모두가 함께 만들어 가는 것이다. 더불어 자신의 인생관, 가치관을 조직문화에 맞추어 나가는 것도 중요하다.

창의적인 인재를 지원하라 _____

얼마 전 이탈리아 여행을 갔을 때 관광지에 있는 많은 회화와 조각품을 보면서, 문득 '저렇게 독창적이고 창의적인 생각은 어디서 나올 수 있었을까?'라는 질문이 머릿속을 맴돌았다.

인류 역사상 14~16세기 르네상스는 가장 창의적인 문화가 꽃피었던 시기로 불린다. 르네상스는 '부활, 재생'의 뜻하는데, 신도 인간처럼 표현하던 그리스·로마의 고전 문화로의 부활을 의미한다. 약 1천여 년 동안 유럽의 중세는 암흑의 시대였다. 종교와 신분적 억압에 갇혀 있었다. 르네상스는 신 중심의 세계관이 인간중심으로 바뀌면서 처음에는 문학, 미술, 건축 등에서 시작하였으나, 나중에는 사상과 생활방식이 바뀌고, 그것이 과학혁명으로 이어졌다.

르네상스는 이탈리아 중부의 피렌체에서 시작되었다. 도시 전체가 회화, 조각, 건축물 등 예술품으로 가득 차 있다. 무역업과 금융업의 중심지였고, 당시의 피렌체는 상인이 아니면 존경받을 수 없다고 알려진 최초의 현대 도시였다. 특히 가장 영향력 있는 상인은 메디치 가문이었다. 15세기 후반 피렌체 르네상스의 부흥은 메디치 가문의 300여 년간의 지속적인 후원 덕분이었다. 예술가, 철학자, 과학자 등 다양한 분야의 전문가 간 이질적 집단의 교류를 통해 새로움을 창출해냈다. 레오나르도 다빈치, 미켈란젤로, 라파엘로, 갈릴레이, 마키아벨리 등 헤아릴 수 없이 많다. 특히, 미켈란젤로는 15세 때부터 2년간 메디치 가문의 궁

전에서 지내면서 성장했으니, 메디치 가문의 도움을 많이 받은 셈이다.

예술가들의 창조적인 영감이 가장 크게 분출된 시기는 르네상스 시대다. 요즈음으로 말하자면 메디치라는 기업이 미켈란젤로 같은 뛰어난 인재들을 발굴하고 적극적으로 지원해 주었기에 많은 걸작품이 세상에 나올 수 있었다.

피렌체의 성공 요인을 한마디로 말하면, 창의적인 인재와 자본을 가지고 있는 기업과의 만남이다. 많은 창의적인 예술가, 철학자, 과학자 인재들이 있었고, 이질적인 그들 간의 교류를 통해서 독창성 있는 예술품이 나올 수 있도록 기업은 지원했다. 오늘날 미국의 실리콘밸리와 너무나 흡사하다. 개방된 문화의 지역으로 전 세계의 다양한 우수인력이 몰리고, 성공한 수많은 벤처기업이 우수인력을 적극적으로 지원한다.

우리나라는 저성장 시대로 접어들면서, 기업들의 고민이 깊어졌다. 기업의 성장동력이 줄어들고 불확실성이 커지는 상황에서, 창조와 혁신의 목소리도 크다. 피렌체에서 시작한 르네상스에서, 지금의 우리 기업은 무엇을 배워야 할까? 애플의 스티브 잡스는 인간의 문제를 가장 먼저 고민하고 스마트폰 시대를 열었다. 인간(고객)의 욕구를 이성이 아닌 감성에서 찾은 결과이다. 조각가인 미켈란젤로에게는 천지창조의 프레스코 그림을 맡는다는 것은 매우 힘든 일이었다. 익숙지 않은 천정화를 그리느라 허리가 끊어지는 듯 고통을 이겨내며 혼자서 완성했다. 창조의 위대한 작품은 땀, 몰입, 열정에서 온다. 이러한 도전정신과 끈기를 기업은 배워야 한다.

또한 메디치 가문이 우수 인재를 발굴하고 장기적으로 키웠듯이, 기업은 장기적인 안목으로 창의적인 인재 육성이 필요하다. 새로운 시장은 세상을 남들과 다르게 보는 데서 출발한다. 실패도 감수해야 한다. 개인과 조직의 창의, 혁신의 문화는 다양성, 자율성, 개방성에서 온다. 인간을 중시했던 르네상스 시대에서 배우고 실천하자.

성과없는 리더십은
존재하지 않는다 _____

반드시 리더가 되겠다는 꿈을 꿔라. 그것은 단순히 '승진에 대한 욕심'이 아니라 자신의 삶을 그만큼 성숙시키겠다는 의지이기도 하다. 따라서 일을 시작하는 초입 단계에서부터 리더십이 무엇이며, 그것을 어떻게 실천해야 하는지에 대한 명확한 입장을 가지는 것이 좋다.

사실 상사가 된다는 것, 리더가 된다는 것은 생각보다 어려운 일이다. 오래전에 회사원들을 대상으로 상사에게 듣고 싶은 말을 조사했는데, 그 결과가 의외였다. "수고했어"나 기타 칭찬이나 격려의 말이 아니고, "나 먼저 갈게"가 1위였다. 직원들에게 대부분 상사는 그저 "함께 일하기 싫은 윗사람"일 뿐일 수도 있다.

리더는 무엇보다 직원들의 내적동기를 자극할 수 있어야 한다. 직원들을 통솔하려면 개개인의 마음을 사로잡아야 하기 때문이다. 어느 정도 강제성도 필요하지만, 자발적인 참여를 끌어내지 못하면 조직을 운영하기가 어렵다. 따라서 개인의 내적동기를 자극해야 하는 것은 당연한 일이다.

팀 전체의 성공이 개개인 모두에게 혜택으로 돌아간다는 사실을 보여주어야 한다. 리더가 구성원 개개인의 성공에 관심을 보인다면 팀 파워로 나타날 수 있다. 다른 사람을 짓눌러서 자신만의 이익을 추구하지 않고, 주위의 인재들이 최고의 가능성에 도전하도록 기회를 제공할 때 공동의 성공을 이루어 낼 수 있다.

또한 리더는 정직함이 중요하다. 한마디 말에도 책임감이 있어야 한다. 그리고 소통이 잘되고 즐거움이 있는 조직 분위기를 만들고, 부서원들이 일과 가정의 균형 있는 삶을 만들 수 있도록 도와주어야 한다. 치열하게 외부와 경쟁하며 내부에서는 건전한 긴장감은 반드시 필요하다. 경쟁에서 뒤처지지 않도록 진심 어린 충고와 격려도 해줘야 한다.

리더는 이렇듯 쉽지 않다. 타고난 능력 외에도 노력이 필요하다. 더욱 중요한 것은 처한 상황에 따라 리더십도 달라져야 한다는 점이다. 스티브 잡스라는 이 시대의 걸출한 리더를 생각해보자. 지금의 놀랄만한 애플을 만들어 낸

'창의적'이고 '혁신적인' 훌륭한 리더로 말하고 있지만, 지금과 같은 큰 성과를 내지 못했다면, '고집 센, 독선적인, 배려심 없는' 관리자 정도로 불렸을 것이다. 이렇듯 성공적인 성과물은 훌륭한 리더의 충분조건은 아니지만, 필요조건인 셈이다. 성과가 없는 리더십은 존재하지 않는다는 사실을 알아야 한다.

모순된 상황을
견디는 능력 ____

리더에게는 또 하나의 고충이 있다. 그것은 바로 모순을 견디는 능력이다. 하버드경영대학원 연구에 따르면, 성공했다고 인정받는 리더조차도 어쩔 수 없이 겪게 되는 모순적인 상황으로 고통을 겪는다고 한다. 무엇보다 리더는 자신이 하지 않은 일에 책임을 져야 한다. 그렇다고 모든 업무를 직접 할 수도 없고 해서도 안 된다. 지시하지 않으면서 직원들의 머리와 가슴까지 이끌어야 한다. 훌륭한 리더는 있는 듯 없는 듯하면서 조직을 안정적으로 이끌어야 한다.

달리 표현하면, 명확한 지시를 통해서 직원을 통솔해도 좋지만, 평소의 말투, 업무에 대한 열정을 통해 직원의 마음을 움직이면 더 좋다. 또한 감독인 동시에 심판이 되어야 한다. 평소에는 감독이나 코치로 직원들을 잘 코치해왔지만, 냉정하게 평가하는 심판 역할도 해야 한다.

다양성과 일체감도 동시에 유지해야 한다. 다양성은 창조의 원천이지만 지나치면 무질서가 될 수 있다. 또한 일체감은 스피드와 집중력을 발휘할 수 있지만, 지나치면 조직을 경직시킬 수 있다. 또한 혁신과 변화를 함께 추구하는 동시에, 혼란이 없도록 조직을 안정화시켜야 한다.

이렇듯 리더는 조직이 처한 상황에 따라서 다를 수밖에 없다. 리더는 구성원의 역량을 최고로 끌어낼 수 있어야 한다. 또한 그것이 최고의 성과로 연결할 수 있는 능력을 갖춘 사람이어야만 한다.

이야기를
경청한다는 것 _____

미국의 GE사는 교육할 때 독특하게 단어를 구성하는 알파벳을 이용해서 풀이하곤 하는데 LEADER의 역할을 다음과 같이 설명한다. 첫 글자 L은 Listen(경청하다)이고, E는 Explain(설명하다), A는 Assist(돕다), D는 Discuss(토의하다), E는 Evaluate(평가하다), R은 Response(대답하다)라는 것이다. GE는 이 가운데서도 경청을 제일 중요한 항목으로 본다. 동료나 직원의 말이나 의견을 잘 들어줄 줄 알아야 진정한 리더라는 뜻이다.

남의 이야기를 들어준다는 것은 그 사람을 인정하고 배려한다는 의미가 담겨 있다. 보통의 경우 다른 사람의 이야기를 오래 들어 주기란 쉽지 않은 일이다. 나와 다른 의견이 나오는 순간 반발하고 더 이상 듣지 않으려고 한다.

리더는 모든 것을 다 잘하는 슈퍼맨이 될 수도 없고 될 필요가 없다. 그러나 리더들이 스스로 슈퍼맨처럼 생각하고 행동하는 데 문제가 있다. 실무자가 나보다 전문지식에 관해 더 많이 알 수밖에 없고 그것을 당연하게 받아들여야 한다. 어떤 문제에 봉착해 있는 경우에도 사실상 문제를 푸는 당사자는 실무자이고, 문제의 답도 실무자가 가지고 있는 경우가 많다. 그러나 잠재력은 있지만 자신의 시각으로만 보고, 제한된 범위 내에서 문제를 찾고 있었을 것이다. 다른 사람이 무심코 던진 말 한마디가 실마리를 제공해 문제가 해결되는 경우도 많다. 운동경기에서 금메달을 따는 것은 선수이지 감독이나 코치가 아니기 때문이다. 리더는 직원이 고민하는 문제를 귀담아들어 주고, 대화를 통해서 스스로 문제를 해결하도록 해주는 역할을 해야 한다. 이것이 바로 리더의 가장 큰 역할 중 하나이다. 한마디로 '좋은 경청자'가 돼야 한다는 이야기다.

반면에 일할 때 하루 이상 고민해도 해결이 되지 않을 때는 잘 아는 회사 동료나 선배를 옆에 앉혀놓고 열심히 설명해보면 스스로 문제해결이 되는 경우도 많다. 요즈음은 과제 진행상에서 문제가 생기면 조금이라도 관련이 있는 실무자들을 전부 모으고, 문제를 제기한 실무자가 상세히 설명한다. 그러면 다른 분야의 사람들이 한마디씩 훈수를 두는데, 이때 문제해결의 단서가 제공되기도 한다.

과거 제조 중심에서는 전통적으로 일사불란하고 강력한 리더십이 맞았지만, 창의성과 다양성이 중요한 지금은 자유로운 분위기에서 팀원들의 의견을 적극적으로 듣고 반영하는 것이 매우 중요할 것이다. '좋은 경청자'라면 리더로서 반 이상은 능력을 갖춘 셈이다.

경청과 더불어 '사랑'도 매우 중요한 덕목이다. 언젠가 일흔이 넘은 앙드레김 디자이너가 함께 일한 모델들, 만난 사람들을 잘 기억했다. 어떻게 그렇게 잘 기억하냐고 물으니, 그 이유는 간단하고 명료했다. "사랑하면 됩니다."

리더십은 사람을 움직이는 힘이다. 그 힘은 부서원들을 통해서 성과로 나타난다. 나와 함께 일하는 모든 사람을 사랑해야 하는 이유다. 성공하는 리더는 늘 운이 좋다고 말한다. 좋은 인재들이 주위에 많이 있다. 행운이 함께 따르는 이유는 무엇일까를 생각해 보라.

냉혹한 리더인 잭 웰치도 그의 리더십의 비밀을 묻는 어느 기자의 질문에 다음과 같이 답을 했다.

"똑똑한 매니저는 찾기 쉽지만 진정한 용기와 따뜻한 가슴을 가진 리더는 만나기 쉽지 않다."

일의 본질

어려운 상황에서도 부서원을 포용하고 진정으로 따뜻한 마음을 가진 리더가 조직의 성과를 낼 수 있는 것은 당연한 일이다.

최고의 리더는
어떤 사람인가? _____

회사에서 함께 일하다 보면 정말 다양한 부류의 사람들을 만나게 된다. 어떤 이는 조용하고 차분하며 자신의 의견을 잘 이야기하지 않지만 맡은 일을 빈틈없이 처리한다. 이 사람은 명확하게 업무를 지시하면 정확하게 일을 해낸다. 어떤 이는 유별나게 욕심이 많다. 이런 사람은 단시간에 해내야 하는 일을 맡기면 된다. 또한 매사에 긍정적이고 재미있는 말을 하고 늘 다른 사람들을 즐겁게 해주는 사람도 있다. 이런 사람은 타 부서와 업무를 협의해야 하는 일을 맡기면 잘 해낸다. 이와 같이 개개인들만이 가지고 있는 장점들이 많다.

뛰어난 리더는 서로 다른 성향을 가지고 있다는 사실을 인정하고, 그에 따른 각각의 강점을 찾아내어서 조직의 목표에 활용하는 사람이다. 개인들의 강점을 일에 따라서 적재적소에 배치하고 서로 보완되도록 한다. 또한 자신이 가지고 있는 업무 성향을 직원들에게 강요하지 않는다.

맘에 드는 리더를 만나서 전혀 갈등 없이 일하는 것도 좋지만, 갈등이 긍정적인 효과를 보기도 한다. 보통 사람들은 인간적으로 마음씨 좋은 사람을 좋은 리더로 인식하기 쉽다. 물론 인간성 좋고 자상한 사람이 좋은 리더가 아니라는 뜻은 아니다. 그러나 일을 제대로 못했거나 노력을 게을리할 때, 혼낼 줄 모르는 사람은 좋은 리더가 아니다.

누구에게나 좋은 사람이 되려고 하면 관리자로 성공하기 어렵다. 늘 사람 좋다는 소릴 듣고 싶어 하고, 사람들과 좋은 관계를 유지하려는 욕구가 강한 사람도 곤란하다. 친구 같은 리더는 실현 가능성이 쉽지 않다.

리더라는 자리가 때로는 직원들에게 싫고 매서운 소리도 해야 하는 것이기 때문이다. 자신이 좀 더 발전할 수 있도록 올바른 방향을 제시하고, 과제 진행에 관심을 보이며 강하게 챙기는 리더가 좋은 리더이다. 회사는 부서의 업적을 평가하고 그 결과에 따라서 자신이 평가받기 때문이다.

또한 개인의 능력 향상을 위한 기회를 주고, 또한 과제의 어려움이나 개인적인 고충이 있을 때 친절히 상의할 수 있고, 도움을 받을 수 있는 인간적인 사람이면 최고의 리더라고 할 수 있다.

최고의
인재가 되라

인공지능 시대의
인재 _____

2016년, 바둑에서 '알파고'의 등장 이후로 전 산업 분야에
서 인공지능의 영향력이 커지고 있다. 인공지능이 무엇인
지 모르는 사람들조차도 인간의 일자리가 사라질지 모른다
는 우려를 한다. 그렇지만 인공지능 로봇이 인간처럼 생각
하고 판단한다는 생각은 꿈같은 이야기이다. 인간의 의사
결정을 도와줄 수는 있지만, 인공지능 스스로 할 수 있는
것은 거의 없다. 인공지능이 모든 문제를 해결할 것이라는
공포와 환상은 버려야 한다.

현재의 인공지능은 바둑처럼 특정 분야에서는 활용성이 높다. 인공지능 기술은 끊임없이 발전되고 있고 우리의 일상을 바꾸어 나가고 있다. 자율주행차가 대표적이다. 많은 센서 데이터를 이용해서 교통상황을 인공지능이 학습해서 매 순간 사람처럼 실시간 의사결정을 내린다. 그리고 계속해서 학습하고 더 똑똑한 운전자로 성장한다.

법률 분야는 기본적으로 인공지능을 적용하기 좋은 분야이다. 문서화 되어 보존되는 법률자료를 조사하고 판례를 분석하기 때문이다. 금융권도 로보어드바이저란 이름으로 우수고객의 투자 선호도를 파악해서 맞춤형 투자자문을 한다든지 자산관리용으로 활용된다.

기업에게 인공지능의 이점은 매우 크다. 비용 절감, 최적화된 운영, 데이터 중심 의사결정, 고객 서비스 개선, 생산성은 향상된다. 일상적이고 반복적인 일자리는 대부분 인공지능이 해결한다는 점이다. 이러한 변화는 아마존의 사례에서 볼 수 있다. 수천 대의 모바일(이동형) 로봇이 물류창고에 있는 물품을 한 지점에서 다른 지점으로 옮기고 있다. 이는 이전에는 사람이 하던 일이었는데, 인공지능

로봇으로 대체되었다.

이는 산업혁명을 거치면서 늘 경험했던 일이다. 증기기관, 컴퓨터가 많은 일자리 감소와 새로운 일자리 창출을 만들어 냈다. 인공지능 시대에서도 마찬가지일 것이다. 그래서 사전에 교육이 필요하고 개인별로 시대 상황변화에 남다른 노력이 있어야 한다. 그렇다면 인공지능 시대에 필요한 인재는 어떤 능력이 있어야 할까?

인공지능 시대의 인재가 되기 위해서는 두 가지 관점으로 노력이 필요하다.

첫째, 창의성이 가장 중요하다. 1970년대 인공지능 개발의 초창기에 인공지능학자인 한스 모라벡의 말에서 해법을 찾아야 할 것 같다. "인간에게 쉬운 일은 컴퓨터에 어렵고, 반대로 인간에게 어려운 일은 컴퓨터에 쉽다." 인간과 기계의 차이, 즉 서로의 강점을 이해해야 한다. 인간이 잘하는 것과 기계가 잘하는 것이 서로 다르다고 하는 것에 착안해 보자. 단순 반복 작업은 컴퓨터가 잘하지만, 창의성을 요구하는 부분은 인간이 우세하다는 것을 보여주었다. 인간이 기계가 잘하는 부분은 기계에게 시키면 된다는 의미이기도 하다.

사실상 체스나 바둑은 인공지능이 쉽게 따라 할 수 있지만, 자연스럽게 걷거나 뛰는 것은 매우 어렵다. 인간이 무의식중에 하는 듣기, 걷기, 보기, 인식하기 등의 감정이나 맥락을 읽는 능력은 인간이 아주 오랜 시간의 진화를 통해서 발전한 것으로, 인간의 영역에 있다. 이렇듯 인공지능과 차별화되는 인간의 영역은 분명히 존재한다.

인공지능이 대신 할 수 없는 인간만의 능력을 갖춰야 한다. 인간에게는 자연스러운 능력이지만 스스로 문제를 찾고 해결하는 것은 인공지능이 할 수 없다. 인공지능에게 일을 시킬 수 있는 능력이 필요하다. 문제를 찾고 정리하는 능력이다. 근본적이고 깊이 있는 생각을 가져야 하는데, 결국은 '왜Why'를 찾는 노력이다. 창의적인 사고방식으로 문제를 제기하고 질문을 던지는 능력이다.

독서가 인간의 고유 능력, 즉 협업 능력, 소통 능력, 비판적 사고력, 창의력 등을 키울 수 있는 핵심 도구이다. 특히 책을 읽고 요약하고, 저자의 주장에 비평하고, 자신의 의견을 제시하고, 그것을 글로 남길 수 있다면 더욱 좋다.

기업에서도 새로운 기술이나 제품의 창의적인 아이디어

를 구하는 것은 '왜'에서 출발한다. 소비자는 왜 구매해야 하는가? 그것은 소비자를 행복하게 만드는가? 이 제품은 어느 시장에 적합한가? 이런 고민으로 만들어진 제품은 시장에서도 인정받게 된다.

둘째, 개인의 학습 데이터에 맞춰 머신러닝 및 딥러닝 모델에서 나온 알고리즘을 기반으로 맞춤형 콘텐츠와 학습 솔루션을 익혀야 한다. 입증된 인공지능 알고리즘을 실제 활용해서 성과를 내야 한다. 즉, 툴을 이해하고 사용해보면서 실무역량을 키우는 것이다. 다시 말하면 인공지능 적용 능력을 키우는 길이다. 인공지능은 툴이고, 플랫폼이기 때문이다.

인공지능을 잘 활용하려면 코딩 능력을 필수로 갖추어야 하는 것은 당연하다. 상상과 생각을 컴퓨터에 전달해야 하는데 코딩은 컴퓨터에 일을 시키기 위한 언어이다. 인공지능은 파이선 언어를 사용한다. 인공지능은 공대생만의 전유물이 아니다. 음대생은 작곡에 쓸 수 있고, 동양철학과 학생은 고문서에 적힌 어려운 문장을 해독하는 것에 활용할 수 있다. 이제는 전공과 관계없이 인공지능을 이해해야 한다.

마지막으로, 인공지능을 경쟁자가 아닌, 동반자로 보는 생각의 전환이 필요하다. 인공지능은 내가 모르는 특정 분야의 전문지식을 도움받는 친구로 여기면 된다. 인공지능 시대에서의 인재는 더욱더 인간적이어야만 한다. 인간미를 겸비한 사람만이 인공지능에 대체되지 않고 살아남을 수 있다. 예를 들어 유능한 의사가 되려면 환자를 공감하고 환자의 감정 상태를 진정으로 이해하는 것이 우선일 것이다. 그리고 나의 경험과 인공지능의 전문지식을 활용한다면 최상의 치료법을 제시할 수 있을 것이다.

인간만이 가지고 있는 깊은 사유에서 창의성을 찾을 수 있다. 또한 일자리를 빼앗는 경쟁자로서의 인공지능이 아닌, 가까운 친구로 여겨야 한다.

T자형 인재로
시작하라 _____

"나는 어떤 인재가 되고 싶은가?"

이 질문은 매우 중요하다. 스스로 명확한 인재상을 설정하고 이러한 모습이 되기 위해 꾸준한 노력을 기울일 수 있기 때문이다. 스스로 원하는 인재상이 없으면, 자기 발전을 위한 노력이 게을러지게 된다. 목표도 없는 상태에서는 그 어떤 열정이나 변화도 성취하지 못하기 때문이다.

회사에 입사해서 사원이나 초급관리자는 T자형 인재를 목표로 해야 한다. T의 가로는 넓은 지식, 세로는 전문지식을 뜻한다. 회사의 경우를 보면, 부서 업무 전체의 내용을 이해하고 특정 분야에서는 전문가 수준이 되는 것이다. T자형 인재는 하나 또는 한정된 분야에서 전문적인 지식을 갖는 'I'자형 인재와 달리 여러 분야에 걸친 관심과 지식을 갖고 있고, 그 지식의 깊이도 상당한 사람을 말한다.

사원이나 대리, 과장 직급의 초급관리자는 스스로 일을 기획하는 것보다는 실행에 위치에 있으므로, 상사의 지시

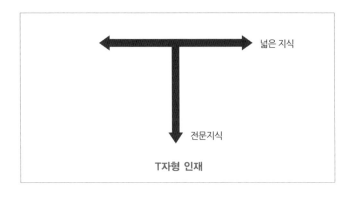

T자형 인재

나 부서의 목표를 정확히 이해하고 수행해 낼 수 있으면
된다.

　어떤 특정 분야는 높은 수준의 지식, 그 외 부분은 깊이
는 떨어지지만 폭넓은 지식을 가지게 된다. 그러면 이런 T
자형 인재가 인정받게 되는 것일까? 예를 들어 스마트폰
을 개발한다고 가정해 보자. 크게 보면 외관 디자이너, 제
품 하드웨어 개발자, 소프트웨어 개발자가 일하게 될 것이
다. 제품의 목표는 가장 얇고 예쁘고 많은 기능, 성능의 스
마트폰일 것이다. 만약에 자기 분야만 알고 있고, 본인이
맡은 일만 강조한다면 서로 협의가 되지 못하고 개발은 지
연될 것이 분명하다. 엔지니어가 기술의 한계를 잘 설명해

주고, 그것을 디자이너가 잘 이해할 수 있다면, 가장 최적화된 스마트폰을 만들어 낼 수 있다.

따라서 융합 인재를 중요하게 강조하는 이유를 알 수 있을 것이다. 공학을 이해하는 디자이너, 디자인을 이해하는 엔지니어가 필요하다.

파이(π)형
인재가 되라 _____

부장급 고급관리자는 파이(π)형 인재가 되어야 한다. 즉 기술이나 일 전체를 파악하고 있는 것은 기본이고, 두 개 이상의 전문 분야를 깊게 파악하고 있어야 한다. 과제의 리더로 많은 전문 인력들과 함께 일을 이끌고 가야 하는 위치이므로, 일뿐만 아니라 사람을 관리하는 능력 또한 필요하다. 마치 축구에서의 멀티플레이어와 마찬가지이다. 여러 개의 전공을 제대로 소화해 내는 인재이다.

전기, 전자 분야의 엔지니어를 예로 든다면 하드웨어, 소프트웨어를 깊게 이해하고 있어야 한다. 사실 두 분야를 전문가 수준으로 만드는 것은 쉬운 일은 아니다. 특히 자신이 잘하고 있는 분야를 멈추고, 새로운 위치에서 다시 시작한다는 것은 누구나 망설일 수밖에 없는 일이기 때문이다.

그러기에 회사와 개인 모두 노력과 인내 그리고 투자가 필요한 부분이다. 하지만 그 시간을 통해서 일구어낸 성공적인 멀티플레이어의 탄생은 결국 결정적인 결승골의 순간을 팀에 안겨다 줄 것이다. 스마트폰에 들어가는 모뎀 칩을 생산하는 퀄컴이라는 회사도 칩의 전체 사양을 정하고 시스템 전반을 볼 수 있는 엔지니어들이 파이(π)형 인재에 속하게 되는데 매우 좋은 대우를 받는다.

파이(π)형 엔지니어는 두 개 분야를 동시에 깊이 있게 알고 있어야 하는데, 이는 초보 엔지니어의 시작에서부터 자신의 능력개발계획을 수립하고 단계적으로 발전시켜 나가야 가능하다. 연구개발에서의 멀티플레이어를 우리는 파이(π)형 엔지니어라 할 것이고, 이는 시스템아키텍트라고 부를 수 있을 것이다. 최고의 프로 엔지니어는 철저하고 완벽함을 지니고 있으며, 늘 새로움을 갈망하며 이를 구체화하고 끊임없이 노력하며 끈기를 가지고 이를 상품화까지 해내어야 한다.

기본적으로 실전이 뒷받침되지 않으면 절대로 두 가지 이상의 전문 분야를 소화할 수 없다. 멀티플레이어는 실전에서 오는 여러 가지 상황과 위기를 스스로 해결하고 풀어가는 과정에서 만들어지는 것이다. 이런 면에서 회사는 인재의 양성을 위한 별도의 노력이 필요하고, 본인 스스로 파이형 인재가 되기 위해 노력해야 한다. 기본적으로 개인의 역량이 기본이 되기는 하지만, 그 역량을 순환할 수 있는 포지션의 변화를 주어야 한다. 축구 감독이 후반에 선수의 포지션에 변화를 결정하듯이 연구개발 인력도 순환이 이루어져야 한다.

생각의 힘을
길러라 _____

'4차 산업혁명이 무엇인가?'라는 질문에 답하기는 쉽지 않다. 하지만 인류의 발전사를 보면, 오랜 농경사회를 탈피해서 산업사회로, 그 이후에 지금의 정보화사회로 발전해

왔으니, 4차 산업혁명은 인공지능 기술이 더해진 지능정보화사회라고 봐야 하지 않을까. 앞으로의 세상은 산업과 개인의 삶을 근본적으로 뒤바꿔놓을 만큼 커다란 파괴력을 가지고 있는 것은 분명하다.

여기서 좀 더 생각해보아야 할 게 있다. 그렇다면 4차 산업혁명은 우리 각 개인에게는 어떤 영향을 주며, 무엇을 준비해야 하는가. 중요한 사실은 사람이 하던 일의 많은 부분이 기계로 대체되어 간다는 것이다. 그만큼 기계의 영향력이 더 커지는 셈이다. 따라서 기계와 더 친해져야 하고, 인간이 만들어 놓은 기계와 많은 대화가 필요하다. 기계와의 소통을 위해 코딩을 배워야 하는 것은 당연하다.

코딩이란 무엇인가? 외국인과 대화하기 위해서 영어를 공용어로 사용하듯이 컴퓨터에 일을 시키기 위해서는 컴퓨터 언어가 있어야 한다. 그런데 컴퓨터는 계산과 비교만 가능하다. 이런 컴퓨터에 사람의 상상과 생각을 컴퓨터에 전달해야 하는데, 컴퓨터가 이해할 수 있는 언어로 표현하는 것이 코딩이고, 그 결과물이 프로그램이다. 이 프로그램은 컴퓨터에 연결된 하드웨어 시스템을 제어하는 지시서

인 셈이다.

요즘 창의적인 아이디어만 있으면 누구나 쉽게 시제품을 만들어 볼 수 있다. 몇 가지 개발도구가 있는데, 그중에서도 '아두이노Arduino'라는 개발도구를 이용하는 것이 가장 쉽다. 소형 컴퓨터를 수행하는 작은 반도체 칩이 들어 있어서 온도계, 습도계, 로봇, 조명 제어도 쉽게 할 수 있다. 공학과는 거리가 먼 일반인도 쉽게 접근할 수 있도록 친숙한 개발환경을 제공한다. 시인, 화가, 철학자도 자신이 만들고 싶은 아이디어를 상상하기만 하면 된다. 아이디어, 생각들은 언어로 표현하고 이를 글로 남겨 공유하게 된다.

코딩을 한다는 것은 글을 쓰는 과정과 똑같다. 어떤 내용의 글을 쓸 것인지를 고민하고 생각하는 것이, 코딩에서는 동작시키고자 하는 하드웨어 시스템의 기능, 성능을 정하고 어떤 일을 시킬 것인지를 정하는 일과 같다. 생각이 정해지면 글로 옮기면 되고, 글을 쓰면서 생각이 제대로 표현되지 않으면 몇 번이고 수정하게 된다. 이것이 코딩에서 오류(버그)를 고치는 것과 같은 의미이다.

글을 쓰는 사람들을 작가라 부르며 그의 사고력과 창의

적 능력에 찬사를 보내기도 한다. 훌륭한 작가는 멋진 글을 늘어놓는 사람이 아니고, 그 안에 들어 있는 글의 내용이나 전개 과정을 중시하는 사람이다. 좋은 글을 쓰기 위해 작문 연습을 많이 하고 여러 글을 접해봐야 하지만, 이런 것들만이 그 사람을 위대한 작가로 만들어 주진 않는다. 진정한 작가의 창의적인 질적 가치는 글의 내용에 있다. 코딩의 경쟁력은 규격을 정하는 단계에서 상당 부분 결정된다. 하드웨어 시스템의 기능과 성능, 서비스를 가장 효율적으로 할 수 있는 방법을 찾는 일이 먼저이다.

좋은 소프트웨어를 만들기 위해서는 코딩 능력보다는 알고리즘 개발 능력이 더욱 중요하다. 알고리즘이란 어떠한 주어진 문제를 풀기 위한 절차나 방법을 말하는데, 컴퓨터 실행 명령어들의 순서를 의미한다. 예를 들면 이세돌과 바둑을 겨루었던 인공지능 알파고는 효율적으로 데이터를 추론하고 분석할 수 있는 새로운 알고리즘으로 발전되었다. 이전에는 사람이 둔 바둑 기보를 모범 답안으로 삼아 연습하면서 실력을 쌓았지만, 스스로 공부하면서 새로운 수를 찾아내는 알고리즘을 고안해 낸 것이다.

컴퓨터 언어를 배운 후에는 내가 상상했고 만들어 보고

자 하는 시스템을 정의하는 일, 효율적인 구현 방법을 고민하는 시간이 중요하다.

손을 들어 '달'을 보라고 하는데, 달은 보지 않고 손만 본다는 말이 있다. 코딩교육에서의 핵심은 코딩 그 자체에 있는 것이 아니다. 수학적, 과학적 소양을 토대로 문제를 설정하고 그것을 해결할 수 있는 가장 효율적인 방법을 찾는 알고리즘을 찾는 교육이 우선 되어야 한다. 창의적 아이디어와 상상을 구현하면서 문제해결 능력도 키울 수 있어야 한다. 특히 책 읽기, 글쓰기를 통해서 생각하는 힘을 기르는 것은 기본이다.

최근 이슈인 챗GPT는 수단이다. 챗GPT는 생산성을 높이는 도구로써 활용 가치가 높지만, 훈련 데이터의 한계, 정보의 편향성, 비윤리적인 문제 등 부정적인 면이 존재한다. 따라서 여전히 챗GPT보다 인간이 더 많이 고민하고 생각해야 하고 더 똑똑해지는 방법밖에 없다. 챗GPT는 인간이 잘 모르는 분야 보다는 잘 아는 분야를 활용할 때 더 큰 위력을 발휘할 수 있을 것이다. 즉 충실한 비서로 활용해야 효과가 높을 것이다.

책에서 인생의 멘토를 만나라 _____

삶에서 매우 중요하게 생각하는 키워드가 하나 있다. 그 것은 바로 '성장'이라는 것이다. 앞으로 취업하고, 또 계속해서 직장생활을 해 나갈 것이지만, 언제 어디서나 '성장'을 계속해서 생각해야만 한다. 만약 이 성장이 없다면 우리의 삶은 매우 소비적인 것이 된다. 매달 일하고, 월급 받고, 또 일하고 월급 받는 생활만 하다 보면 과연 자신이 무엇을 위해 살아가는지조차 모르게 된다. 그저 '월급을 버는 기계'로만 살아가다 보면 인생의 진정한 의미를 찾기도 쉽지 않다.

따라서 계속해서 자신이 성장하고 있다는 느낌, 그리고 이를 통해서 내가 진정한 나의 인생을 점차 완성해 가고 있다는 충만한 마음이 필요하다. 이것은 자신을 질적으로 성장시켜 나가야만 가능한 일이다. 그리고 이것이 가능하기 위해서는 자신의 성장을 견인해주는 '인생의 멘토'가 있어야 한다.

일의 본질

원래 '멘토'는 그리스 신화에 나오는 인물이다. 그리스 이타이카 왕국의 왕인 오디세이가 트로이 전쟁에 나가게 되면서 그의 아들인 텔레마코스를 가장 믿을만한 친구에게 맡기고 떠났는데, 그 친구의 이름이 멘토였다. 그는 오디세이가 전쟁에서 돌아오기까지 10여 년 동안 스승이자 상담자, 아버지로서 역할을 해주었고 훌륭한 인재로 키워냈다. 그 이후로 멘토는 '인생을 이끌어 주는 지도자'를 뜻하게 되었다.

실제로 현실에 멘토가 있으면 좋겠지만, 그렇지 않더라도 우리는 얼마든지 멘토를 찾을 수 있다. 그것은 바로 책이다. 책을 읽음으로써 우리는 많은 것을 느끼고 생각하게 된다. 직접 만날 수 없는 사람들을 만나며 그들과 이야기를 나눌 수도 있다. 그들의 경험, 생각, 아이디어를 접하면서 내가 경험하지 못했던 또 다른 세계로 갈 수 있다. 책이라는 것을 그저 '지식의 전달자'라고 생각하지 말고, 이제 내 인생을 성장시켜줄 '멘토'로 생각해보자. 아마도 책을 보는 눈이 달라질 것이다.

또한 책은 생각하는 능력과 방법을 길러준다. 미래의 사회에서는 생각을 논리적으로 하고 현실적으로 구체화할 수 있는 능력이 필수적이다. 결국 생각도 순서와 절차라는 프로세스를 거치게 되는데, 이를 키우는 매우 훌륭한 방법이 바로 책 읽기다. 많은 책을 읽고, 많이 생각하면 좀 더 통찰력 있는 사람으로 성장할 수 있다. 서로 연관되지 않을 것 같던 수많은 사건과 사회현상을 종합적으로, 다각적으로 생각할 수 있게 된다. 무엇보다 하나의 실마리를 통해서 좀 더 창의적인 생각에 도달할 수 있다.

한편 책은 독선에서 벗어나기 위한 훌륭한 채찍질이기도 하다. 기업 경영자들의 가장 큰 잘못은 오랜 시간에 걸쳐서 체득한 경험을 통해 쌓인 자신만의 고집을 들 수 있다. 심지어 이것이 독선과 아집으로 발전하면 회사를 위험한 길로 이끌고 갈 수가 있다. 그런 점에서 책은 다양한 의견을 전달받는 통로가 되고 아집과 독선을 버리고 객관적인 위치에 설 수 있도록 도와준다. 책을 멘토로 삼아라.

THE ESSENCE OF WORK

똑똑한 매니저는 찾기 쉽지만,
진정한 용기와 따뜻한 가슴을 가진
리더는 만나기 쉽지 않다.
잭 웰치

자신이 하는 일을
사랑하라

31년간 삼성전자를 다녔다. 삼성에서 기술을 개발하는 엔지니어, 관리자 그리고 경영자로서 참 오랜 시간을 보냈다. 오로지 연구개발 부서에서만 있다 보니 늘 새로운 기술을 배우고 도전하면서 성공도 실패도 많았다. 삼성을 그만두고 나서 곧바로 대학으로 옮겼다. 대학에서도 10년째이니 시간이 제법 흘렀다. 삼성에서의 나의 경험과 능력을 계속해서 대학에서 의미 있게 활용될 수 있다는 것이 너무 기뻤다.

나는 많은 대학이나 기업에서 요청하는 세미나에 참석할 때마다 자주 질문을 받는다. "어떻게 그 힘든 회사를 오래 다녔어요?"와 "오랜 회사 생활을 통해서 얻는 것은 무엇인가요?"라는 두 가지 질문이다. 직장생활에서는 늘 좋은 일만 있지 않다. 힘든 일도 많다. 어려운 일이 있을 때 그것을 긍정적으로 생각하고 기회로 만들어야 한다. 그러기 위해서는 용기와 지혜가 필요하고, 또 도전정신도 있어야 한다. 오랜 직장과 학교에서의 경험을 통해 깨달은 것이 몇 가지 있다.

첫째, 일의 목적의식을 분명히 하라.

일을 통해서 즐거움이나 아픔도 경험했고, 나를 키운 것도 일이었다. 일을 어떤 마음가짐에서 출발해 어떻게 해내는 것이 좋은지 고민이 되기도 한다. 생각 없이 열심히 하는 사람도 있고, 어떤 이는 효율적인 방법을 찾아서 하기도 한다.

삶의 목적은 행복하고 재미있는 삶을 살아가는 것이다. 누구나 죽을 때 더 많이 일하지 않았음을 후회하지 않는다. 다만, 인생을 가치 있게 살았는지를 되돌아본다. 학생에게는 공부가 중요한 일이고, 직장인에게는 맡은 업무와 가정에서의 모든 것이 일인 셈이다.

인생은 일 그 자체이다. 일은 때로는 스트레스의 주범이 되지만, 일은 귀중한 것이고 없어서는 안 될 존재이다. 인생에서 일은 행복에 이르는 한 가지 수단이다. 우리에게 일은 없어서는 안 될 즐거움과 행복의 요소이다. 따라서 진정한 삶은 일을 통해 이루어진다. 일의 목적의식을 분명히 하고, 열정적으로 신나게 일하자.

둘째, 기술이 세상을 바꾼다.

세상에 변하지 않는 진실이 있다. 바로 세상은 변한다는 것이다. 무슨 일을 하든 늘 변화를 상정하고 미래를 준비하는 자세가 필요하다. 자신이 가장 중요하고 잘한다고 여겼던 일이 시간이 지나서 불필요한 일이 될 수도 있다. 결국 지식이나 경험도 시기에 따라서 변해야 한다.

어떤 분야에서 일하고 있든지 기술의 방향을 이해해야 한다. 1983년 삼성에서 입사해서 처음으로 맡았던 일은 시스템반도체 설계였다. 제품(세트) 부문에서 반도체 설계 업무는 생소하던 시절이었다. 15년간 시스템반도체 설계에서 새로운 일로 바꾸게 되는데, 크게 두 가지 큰 기술의 변화가 있었다. 첫 번째는 꿈의 이동통신인 IMT200이 시작되던 1997년이다. 나는 이 시기를 계기로 이동통신 모뎀칩의 소프트웨어 일에 참여했다. 그리고 두 번째로 2009년 아이폰이 국내에 들어오면서 우리나라에도 본격적으로 스마트폰 세상이 열리게 되었고 이 시기에 갤럭시 개발에 참여했다. 이 경험은 나에게 있어서 '기술이 세상을 바꾼다'라는 생각을 더욱 확고히 할 수 있었다. 그리고 2014년 기업을 떠나 대학으로 자리를 옮겼다. 대학에서는 사물인터넷 시대에 동참했다. 나는 엔지니어로 살아오면서 다시 한 번 분명히 느끼는 사실은 '기술이 세상을 바꾼다'는 것이다. 결국 기술로 만들어진 제품이 사람의 의식, 행동을 바꾸고, 직업이나 일도 바꾸는 것이다.

셋째, 평생 공부하라.

'학이시습지불역열호(學而時習之不亦說乎).' 논어 첫 번째 구절에 나오는 말이다. '배우고 때에 맞추어 익힌다면, 또한 기쁘지 아니한가.' 공자가 2,500여 년 전에 말씀하셨다. 여기서 주의 깊게 봐야 할 글자는 '時(때 시)'이다. 때에 따라서 세상의 변화를 잘 살펴보고 그에 따라 공부하라는 뜻이다. 學(배울 학)은 이론 공부, 習(익힐 습)은 실습 공부의 의미가 있다. 즉, 習은 실천의 의미가 있다. 시기에 따라 활용할 수 있게 지속적인 공부를 해야 한다. 학교를 졸업하고 사회에 나오게 되면 새로운 공부가 필요하다. 학교에서 배우는 교육이 아닌 세상살이에 필요한 공부가 진짜이다. 학교에서 배우는 공부는 기초이고 기본이다. 극히 일부분이다. 책만 보는 것이 공부는 아니다. 사람을 사귀고 타인과 도움을 주고받는 것 모두를 스스로 해내야 한다. 세상 공부는 더 넓고 크다.

지금은 100세 시대이다. 그만큼 개인의 평균수명은 늘어났다. 그러다 보니 과거에는 회사에서 인정받고 승진하는 것이 목표였다면, 지금은 안정된 직장에서 오랫동안 일하고 싶어 한다. 얼마 전까지 젊은이들이 직업으로 공무원을 선호했던 이유이기도 하다.

그렇지만 지금은 회사원이나 공무원이나 모두 조직 내에서의 정년이라는 개념은 중요하지 않다. 어렵게 기업에 들어가도 정년까지 일한다는 보장이 없다. 또한 한 회사에서 있더라도 새로운 일을 찾는 일이 필요할 것이다. 그러니

어디서 일하든 늘 변화를 상정하고 미래를 준비하는 자세가 필요하다. 세상도, 제품도, 기술도, 모든 것이 변한다. 그래서 나의 지식이나 경험도 변해야 한다.

일하면서도 항상 그만둘 각오를 하고, 새롭게 일을 갖기 위한 준비도 수반되어야 한다. 그러다 보니 평생 공부는 이제 기본이고, N잡이나 사이드 프로젝트 등을 통해 자신의 플랜B를 준비해야 하는 시대다. 평생을 편안하게 안정되게 지낼 수 있는 직업은 없다. 따라서 공부는 기본이고, 자신의 노력으로 자기 발전과 성공이 보장될 수 있다.

넷째, 주변 사람과의 관계를 소중하게 여겨라.

사회생활에서의 적응은 일만 잘한다고 되는 것은 아니다. 일은 필요한 요소이지만 충분하지는 않다. 일과 인간관계를 동시에 생각해야 한다. 좋은 인간관계는 함께 일하는 사람에 대한 관심에서 출발한다. 나의 주위에 있는 사람들을 소중하게 여겨야 한다. 삼성에서 많은 일을 하면서 큰 성과를 내었지만, 그 모든 것이 혼자 힘으로만 이룬 것은 하나도 없다. 주위에 있는 선후배, 동료, 상사 그리고 가족의 힘이 크다. 기업은 시스템으로 움직인다. 내가 잘되고 싶으면, 남을 잘되게 해주면 된다. 반드시 돌아온다. 한 사람의 힘은 여러 사람의 힘을 당할 수 없다. 혼자서 일하려고 하지 마라. 특히, 리더라면 자신의 부서뿐만 아니라 다른 부서와의 협업과 네트워크를 잘 활용하고, 또한 적극적으로 도와주라.

다섯째, 인생은 짧다. 자신이 하는 일을 사랑하라.

처음부터 잘 할 수 있는 일은 없다. 주어진 많은 일 중에서 나를 움직이게 하고 몰두하고 집중하게 할 만한 것들을 찾아야 한다. 좋아하는 일 혹은 좋아할 만한 일을 먼저 찾자. 그리고 그 일에 관심을 갖고 최선을 다해서 노력하라. 일단 해보는 것이 중요하다. 관련 자료를 찾는 일, 전문가를 만나서 조언을 얻는 것이 시작점이다. 지식이 부족하면 공부를 더욱 열심히 해라. 그러면 내가 잘하는 일이 만들어지게 되고, 일이 재미있고 즐겁고, 그에 따라 성취감이 생긴다. 이것이 바로 좋아하면서 잘하는 일이 만들어져 가는 단계이다. 그다음은 잘하는 일에 집중하라. 내 일이 중요하고 가치 있는 일이 되기 위한 노력이다. 자신이 하는 일을 사랑하면 된다.

나를 성장시키는 일의 즐거움

일의 본질

초판 1쇄 발행 | 2023년 6월 20일
초판 4쇄 발행 | 2024년 3월 22일

지은이　　　 | 김용석
펴낸이　　　 | 전준석
펴낸곳　　　 | 시크릿하우스
주소　　　　 | 서울특별시 마포구 독막로3길 51, 402호
대표전화　　 | 02 - 6339 - 0117
팩스　　　　 | 02 - 304 - 9122
이메일　　　 | secret@jstone.biz
블로그　　　 | blog.naver.com/jstone2018
페이스북　　 | @secrethouse2018
인스타그램 | @secrethouse_book
출판등록　　 | 2018년 10월 1일 제2019 - 000001호

ISBN 979-11-92312-50-7　03320